마음 면역력

절망의 시간에서 자신감과 자존감을 되찾아줄

마음 면역력

가엘 린덴필드 지음 · 데이먼 리 옮김

생각의날개

삶을 바꾸는 마음 면역력

지금 우리는 그 어느 때보다도 어려운 시절을 보내고 있습니다. 코로나19로 인해 얼굴의 반은 늘 가리고 다녀야 하고, 손을 잡고 인사를 나눌 수도, 함께 음식을 먹을 수도 없습니다. 경제적으로, 육체적으로 그리고 심리적으로도 많이 아프고 힘든 때입니다.

삶을 살아가면서 우리는 수많은 비용을 지불합니다. 생존을 위해서는 먹고사는 것뿐만 아니라, 행복을 위해서도 많은 비용을 지불합니다. 옷이나 신발, 가방, 차, 집 같은 것에서부터 여행이나 마사지, 운동, 교육 프로그램 등 무형의 서비스에 이르기까지 우리에게 행복을 가져다줄 수 있다고 생각하는 것들에 많은 시간과 돈을 들입니다.

그런데 우리가 행복을 위해 지불한 것들이 정말 우리를 행복하게 해주고 있을까요?

상담 현장에 있으면서 안타깝다고 느낄 때가 정작 자신을 행복하게 해줄 수 있는 것들―마음 건강과 관련된 콘텐츠인 명상, 책, 상담 관련 프로그램 등에 편견을 가지고 있거나 무심할 때입니다. 몸 건강을 위해서 시간과 돈을 쓰듯이, 마음 건강을 위해서도 시간과 돈을 쓰시기를 바랍니다. 그것이 당신을 진정한 행복으로 이끌어 줄 수 있기 때문입니다.

지금 혹시 절망의 시간에 빠져 계신가요? 심적으로 힘든 시기를 겪고 계신가요? 절망의 시간에서도 자신감을 되찾아주는 마음의 힘을 기르고 싶다면 이 책 《마음 면역력》을 읽어보기를 권합니다.

가엘 린덴필드의 《마음 면역력》은 마음 건강을 돕는 방법을 안내해주는 워크북 형식의 심리실용서입니다. 자존감을 회복하고 삶을 자신 있게 살 수 있는 방법과 일상에서 마음 건강을 도울 수 있는 심리학적 매뉴얼들을 알기 쉽게 설명하고, 무엇보다 삶의 폭풍우로 인해 마음이 만신창이가 된 순간에도 더는 무너지지 않고 상처로부터 회복될 수 있는 방법을 다양한 예를 들어 알려줍니다. 가엘 린덴필드 자신도 이 방법들을 통해, 딸을 잃은 고통에서 회복하는 데 도움이 되었다고 합니다.

행복하고 성공적인 삶을 살고 있다고 느껴지는 사람이 당신 주변에 있다면, 혹은 그 사람이 TV에 나오는 유명인이라면, 그 사람은 당신보다 불행과 고통이 없어서가 아니라, 자신의 마음 건강을 돌볼 수 있는 방법을 잘 알고 있어서일 겁니다. 당신도 이 책을 통해 삶의 고통으로부터 벗어나 행복하고 성공적인 삶을 살아가시길 바랍니다.

토닥샘_심리상담가,
토닥샘 심리상담소 책방 운영

나는 우리가 경험했던 가장 총체적 난국인 상황에서 이 글을 쓰고 있다. 세상은 코로나19 바이러스(COVID-19)로 인해 폐쇄되었고, 전 세계 사람들은 사랑하는 사람들과 격리된 채 집에 머물러있어야 하며, 건강과 직업, 재정 및 인간관계 측면에서 미래에 어떤 일이 기다리고 있을지 모르는 불확실성 속에 빠졌다.

　이러한 상황은 이 책에서 다루는 많은 문제를 더 날카로운 시선으로 보게 한다. 외부 세계와 아무런 연결점 없이 집에 머물러있어야 하는 일부 사람들에게는 지금 이 시기가 누군가에게 손을 뻗어 도움을 청하는 것이 불가능해 보일 정도로 엄청난 외로움과 고립의 시간처럼 느껴질 것이다. 또 어떤 사람은 배우자나 파트너, 가족 구성원 또는 룸메이트와 갇혀서 24시간 같이 생활하는 것 때문에 어려움을 겪고 있다. 외출은 물론 자신만의 여유 공간조차 없어 함께 생활하면서 생기는 수많은 문제와 짜증, 구속감이 10배 이상 확대되었기 때문이다. 또 다른 사람은 직장을 잃거나 사업할 기회를 잃게 되어 재정적으로 어려움을 겪고 있다. 또 어떤 사람은 질병이 퍼질지도 모른다는 위험 때문에 더는 만나거나 돌볼 수 없는 이들에 대한 걱정 때문에 힘든 시간을 보내고 있다. 이런 사례는 수없이 많고 점점 더 늘어날 것이다.

이 책은 바이러스가 확산하기 전에 작성됐다. 단 몇 주 만에 세상은 놀라울 정도로 변했기 때문에 독자 여러분이 이 책 속에서 만나게 될 메시지와 교훈은 그 어느 때보다 절실해졌고 관련성 또한 높아졌다. 이 책을 기획할 때 나는 힘든 시기에 발생하는 의욕 저하를 해결하는 팁과 도구에 관해 설명하고, 이를 쉽게 익힐 수 있게 매뉴얼로 소개하고자 하였다. 문제가 되는 상황에서 빠져나오기 위해서는 우리의 자존감을 무너트리는 부정적인 영향을 내부적인 것과 외부적인 것 두 가지로 나눌 수 있다. 따라서 이를 염두에 두고 이 책을 구성하였다.

우선 우리 내면의 삶을 살펴보고 내면 깊은 곳에 있는 부정적 감정을 유발하는 요인에 관해 인지한 후 머릿속의 부정적인 목소리를 완벽하게 이해하기 위해 그와 관계있는 것은 모두 다루었다. 부정적 감정에 대한 이해를 통해 문제가 발생하기 전에 먼저 인지하고 피할 수 있기 때문이다.

우리가 향유하는 외적인 삶과 매일 우리를 조금씩 갉아먹는 외부적인 영향에 대해서는 우리가 직면하고 있는 환경과 우리의 기분에 긍정적 영향을 미칠 수 있게 바꾸는 방법에 대해 살펴보았다. 우리가 먹는 음식부터 마음을 편안하게 하는 방법, 재정적 문제를 극복하는 방법, 스트레스와 부정적 생각의 배출구로 창의력을 활용하는 방법, 타인과의 올바른 관계 형성에 이르기까지 외부적으로 영향을 끼칠 수 있는 모든 것을 포함하였다.

운이 좋다면 이 책이 나올 때쯤에는 세상이 더 긍정적인 곳이 되어있고, 우리가 겪었던 고통스러웠던 시간을 통해 더 많은 것을 배울 수 있었기를 바란다. 어떤 상황이 되었든 이 책 속에 있는 수많은 정보가 여러분이 폭풍과도 같았던 인생의 고비를 극복하고 다시 한번 삶의 즐거움을 만끽함으로써 더 맑은 하늘을 바라보며 살 수 있게 하는 데 도움이 되길 진심으로 바란다.

Contents

Part One : Inner Life
내면의 삶 들여다보기

Chapter 1 자기 감정 파악하기

Chapter 2 자기 자신 돌보기

Part Two : Outer Life
외면의 삶 살피기

Part Three : Creative Life
회복탄력성 강화하기

Part Four : Social Life
타인과의 올바른 관계 형성하기

Part One : Inner Life

내면의 삶 들여다보기

......

자기 감정 파악하기

자기 자신 돌보기

Chapter 1

자기 감정
파악하기

스트레스가 극심한 시기에는 내면의 목소리와 다른 사람과의 의견 사이의 불협화음이 들리지 않을 수 있다. 더군다나 누군가에게 맹렬한 공격이라도 받게 되면 자기의 생각과 감정을 찬찬히 살펴보기란 더더욱 쉽지 않다. 이럴 때는 다른 사람의 의견을 받아들이기 전에 우선 한 발 뒤로 물러서서 깊게 심호흡을 하고 자기 내면의 목소리에 귀 기울여야 한다. 자기 자신의 감정을 제대로 파악한다면 잠재적인 스트레스 유발 요인을 인지할 수 있을 뿐만 아니라 그 감정이 점점 더 빠른 속도로 확대되어 격해지는 것을 진정시킬 수 있다.

1장에서 하게 될 활동은 여러분이 내면의 목소리를 찾을 수 있도록 도와줄 것이며, 다른 사람의 감정을 받아들이기 전에 우선 여러분의 감정에 여유 공간을 만들어줄 것이다.

자신의
장점
활용하기

정말로 강해지고 싶다면 자신의 목표에 전력을 다해라.
그러면 내가 두려워하는가 아닌가는 덜 중요해질 것이다.

– 오드리 로드(Audre Lorde), 시인

우리는 모두 자기만의 고유한 장점을 한 보따리씩 지니고 있다. 자존감이 넘치는 사람들의 커다란 비밀 중 하나는 자신의 보따리에 어떤 장점이 있는지, 그리고 주어진 상황에서 최선의 결과를 내기 위해 자신이 가진 장점을 어떻게 활용해야 하는지를 정확히 알고 있다는 것이다. 이와 반대로 자존감이 부족한 사람들은 자신의 약점이 무엇인지 너무나 정확하게 인식하고 있을 뿐만 아니라 자신이 가지고 있는 에너지 대부분을 그 약점을 개선하거나 숨기려는 데 소비한다.

당신의 자존감은 현재 당신에게 닥친 어떤 문제들로 인해 흔들리고 낮아졌을 것이다. 따라서 바닥을 친 자존감을 어느 정도 끌어올릴 필요가 있다. 앞으로 하게 될 연습들은 이런 상황에서 자신의 장점을 어떻게 사용할 수 있는지 상기시키는 데 도움이 될 것이다. 만약 자신의 장점이 무엇인지 도무지 모르겠다면 즉시 친한 친구에게 도움을 요청하도록 하라. 자신이 보유한 최고의 자원을 마음속 최전선에 두는 것은 자존감을 높이는 데 매우 중요하다.

나만의 장점 목록을 작성하라

다음에 제시하는 항목마다 자신의 장점을 3~6개씩 나열해보고, 각 장점 옆에는 그것이 지금 자신이 처한 어려움에서 벗어나는 데 어떤 도움을 줄 수 있는지 적어보자. 본문의 예시는 이 연습을 수행하는 방법에 대한 아이디어를 제공하는 것일 뿐 본인의 장점과는 매우 다를 수 있다. 이러한 연습은 자존감을 회복하는 데 꽤 유용한 방법이 될 것이다.

Q 나의 타고난 재능과 적성은 무엇일까?

뮤지컬 인터뷰 기술을 연습하기 위해 연기를 함
일을 즐기며 휴식을 취하거나 활력을 북돋우는 데 도움이 됨
다른 사람들에게 즐거움을 제공해서 사회적 접촉을 강화함

테니스 건강을 유지하고 긴장을 완화시켜줌
동호회에서 새로운 사람들을 만나고 사귈 수 있음

디자인 그림을 그리며 휴식을 취함
직접 크리스마스카드를 그려서 돈을 절약할 수 있음
기분전환을 하기 위해 거실을 저렴하게 개조할 수 있음

Q 내 성격의 핵심적인 장점은 무엇일까?

끈기 지루하거나 피곤해도 계속 일할 수 있음

새로운 일을 찾느라 기다리는 동안에도 대체 업무를 할 수 있음

내게 주어진 권리를 위해 관료주의와 끝까지 싸울 수 있음

유머감각 다른 사람들에게 기운을 불어넣어 줌

나의 관점을 유지하게 함

걱정하는 마음으로부터 주의를 환기시킬 수 있음

낙관주의 나 자신과 다른 사람들에게 동기부여를 함

내게 주어진 새로운 기회를 잘 포착할 수 있음

Q 나만이 가진 특별한 기술은 무엇일까?

IT 온라인 과정에 익숙함

연구 가능성을 열어두어 폭넓은 관계를 구축할 수 있음

집은 물론 전 세계 어디서든 일할 수 있음

영업력 팔아야 할 물건이 있을 때 최고의 가격을 받아냄

나 자신을 홍보할 수 있음

더 다양한 직종에 지원할 수 있음

경청하기 같은 상황에 처한 다른 사람들과 협력함

다른 사람들로부터 아이디어를 이끌어냄

새로운 친구를 사귈 수 있음

수리력 거래하고자 하는 물건의 실제 가치를 잘 계산함

예산 재조정에 도움을 줌

거주자 협회의 재무 담당자로부터 제의를 받아 의사결정에 관해
더 많은 권한을 얻을 수 있음

요리 수제 케이크나 잼과 소스를 팔거나 선물로 줌

값싼 재료로 구미가 당기는 음식을 만들 수 있음

집으로 사람을 초대해 음식을 접대할 수 있음

프로젝트 관리 정돈된 상태를 유지하거나 진행 과정을 잘 검토함

문제를 시작과 핵심 과정, 종료 지점으로 나누어 살펴볼 수 있음

Q 나의 타고난 재능과 적성은 무엇일까?

....

....

....

....

Q 내 성격의 핵심적인 장점은 무엇일까?

....

....

....

....

Q 나만이 가진 특별한 기술은 무엇일까?

....

....

....

....

축하받지 못한 일 축하하기

자신이 세운 업적을 적절하게 축하하는 사람은 거의 없
다. 보통은 시험에 합격하거나, 새 직장을 얻거나, 경쟁에
서 이기거나 할 때처럼 특별한 성공만을 축하할 가치가
있다고 간주하기 때문이다. 하지만 개인적으로는 반드시
이런 것만이 사람들이 생각하는 가장 큰 업적이 아닐 수
도 있다.

다음은 사람들이 업적으로 간주하지 않는 몇 가지 사례
이다. 당시에는 축하받지 못했지만, 이 모든 것들이 축하
받을 만한 자격이 충분히 있는 일들이다.

- 좋은 부모 되기
- 애인이나 배우자와 좋은 관계 유지하기
- 시댁 혹은 처가 집안사람들과 평화롭게 지내기
- 새로 배운 언어 유창하게 구사하기
- 컴퓨터 프로그램 마스터하기
- 혼자 휴가 보내기
- 이혼 또는 별거 상태에서 회복하기
- 비행에 대한 두려움 극복하기
- 마당에서 장미 키우기

- 아름다운 집 꾸미기
- 상사와 원만한 관계 유지하기
- 주변 정리 정돈 잘하기
- 좋은 관리자 또는 리더 되기

이번 기회를 통해서 자신이 이룬 업적에 대해 뒤늦은 축하를 해보도록 하자!

스트레스를
딱
멈춰야 할 때

긴장은 자신이 의도한 모습이고,
휴식은 자신의 본래 모습이다.

- 중국 속담

누구나 스트레스가 건강에 나쁘다는 사실을 알고 있다. 그래서인지 스트레스가 건강과 기대 수명에 끼치는 위협에 관한 연구 결과는 늘 화제가 된다. 그리고 지금까지의 경험을 통해서 스트레스가 기분을 우울하게 하고, 인간관계를 방해하며, 진보의 최대의 적이라는 사실 또한 알게 되었을 것이다. 그러면 어째서 스트레스는 심지어 좋을 상태일 때조차 이렇게 자주 우리를 압도하는 것일까?

스트레스는 눈에 띄지 않게 형성되며, 초기 단계에서는 기분을 좋아지게 하고, 때로는 일을 더 효과적으로 수행할 수 있게 하는 감각을 생성하기도 한다. 최초에 생성된 아드레날린 분비는 삶에 활력을 불어넣어서 기분을 좋게 하고 자신감도 생기게 하기 때문이다(물론 거만해질 정도까지는 아니다!). 하지만 그 이후에는 이를 멈추게 하거나 되돌릴 수 없다. 어떤 피드백도 들리지 않고, 자아를 성찰하기에는 너무 흥분해있거나 긴장된 상태가 되고 만다.

기력이 급감하여 다 소진되기 전에 스트레스를 멈추는 비결은 내리막길이 막 시작되었을 때를 알려주는 증상에 주의를 기울이는 수밖에 없다. 이때 충분히 감지할 수 있고 관찰할 수 있는 약간의 부정적인 변화가 생긴다. 이 변화는 심각한 결과를 초래하지 않거나 있어도 거의 없는 정도의 수준이다. 하지만 이 결정적인 단계가 지나고 나면 대부분의 사람이 조치를 취해야겠다고 생각하기 전에 이미 피해가 발생하는 지점으로 곤두박질치고 만다.

　힘든 시기에는 당연히 스트레스에 더 취약할 수밖에 없다. 따라서 자신의 상태를 수시로 점검하고 더 많은 관심을 기울여야 한다. 다음에 나오는 체크리스트를 활용해서 쉽고 빠르게 점검하도록 하자.

스트레스가 쌓였다는
조기 경보 신호

다음과 같은 증상은 일반적인 것들로 일부는 거의 확실하게 경험할 수 있는 반면, 일부는 그렇지 않을 수도 있다. 이는 자신의 건강과 나이, 성격에 따라 서로 다르게 나타나기 때문이다. 목록에 없는 자신만의 증상이 있다면 몇 가지 항목을 더 추가해도 좋다. 이 체크리스트를 파트너나 배우자, 혹은 친구와도 공유하도록 하자. 그들이 본인보다 더 일찍 징후를 포착해낼 수도 있기 때문이다.

육체적 신호

☐ 쉬고 있을 때도 지속되는 긴장성 두통
☐ 얕은 호흡
☐ 충분히 걸을 만한 거리도 차나 버스를 탈만큼 활력이 감소함
☐ 땀을 많이 흘림
☐ 비정상적인 배변 활동
☐ 일어서거나 침대에서 일어날 때 콕콕 찌르는 듯한 통증
☐ 성욕 감퇴
☐ 잦은 바이러스 감염
☐ 알레르기 반응 증가

- ☐ 등 또는 어깨 통증
- ☐ 손과 다리의 떨림 현상
- ☐ 수족냉증
- ☐ 생리 전 증후군(PMT) 증가
- ☐ 부비동(코 주변 뼛속 공간) 막힘 증상
- ☐ _____
- ☐ _____
- ☐ _____

감정적 신호

- ☐ 불안감 증가
- ☐ 뚜렷한 이유 없이 기분이 좋지 않음
- ☐ 더 자주 비관적이 됨
- ☐ 재미있는 농담이 생각나지 않음
- ☐ 지속해서 죄책감이 듦
- ☐ 확인하고 또 확인하고 재확인하는 강박적 습관
- ☐ 더 쉽게 감정이 상함
- ☐ 시니컬하게 "전 괜찮아요"라는 말을 자주 함
- ☐ 상대방의 말속에 담긴 의도를 의심하는 등 불신감이 높아짐
- ☐ 비웃는 말을 하거나 부정적으로 일반화해버리는 경향이 있음
- ☐ 일방향으로만 생각하거나, 대안을 무시하는 등 과도하게 흥분함
- ☐ 유체이탈한 듯 주변과 멀리 떨어져 있는 듯한 느낌이 듦

- [ ] _____
- [ ] _____
- [ ] _____

두뇌와 행동 신호

- [ ] 집중력이 떨어지고 기억력이 안 좋아짐
- [ ] 다른 사람들이 말할 때 마이크가 꺼진 듯 아무것도 들리지 않음
- [ ] 다른 사람들과 잘 어울리지 않고 모임 초대에도 응하지 않는 등 은둔형 인간이 됨
- [ ] 알코올 섭취량 증가
- [ ] 흡연량 증가
- [ ] 쓸데없이 물어뜯는 식의 발언을 하며 짜증을 냄
- [ ] 외모에 덜 신경 씀
- [ ] 우유부단해져 나 대신 다른 사람이 결정하게 함
- [ ] 너무 조심스러워하며 "전 잘 모르겠는데요"라는 말을 자주 함
- [ ] 권한 위임을 꺼림
- [ ] 사소한 문제도 큰 문젯거리로 만듦
- [ ] 평소보다 늦게 잠자리에 듦
- [ ] 주변을 어수선하게 만들고 물건이 어디에 있는지 찾지 못함
- [ ] 수면 장애로 인해 푹 자지 못하고 일어난 후에도 몸이 개운하지 않음
- [ ] 특별한 이유 없이 더 낭비하거나 구두쇠가 되는 등 돈에 대한 태도 변화가 큼

☐ _____

☐ _____

☐ _____

각 항목마다 두 개 이상을 선택했다면 이제는 머리를 식혀야 할 때다. 이러한 증상을 스스로 통제할 수 있다고 자신을 속이지 말아라. 아무리 좋은 의도로 발생한 증상이라 하더라도 생활방식을 바꾸지 않고서는 더는 버티지 못할 공산이 크다. 이 책에 빠르고 쉽게 적용할 수 있는 수많은 아이디어가 있으니 더 이상 핑계 대지 말고 지금 당장 자신에게 가장 적합한 방법을 찾도록 하자.

완벽주의자가
되려는 경향

탁월함을 위한 노력은 동기부여가 된다.
하지만 완벽함을 위한 노력은 사기를 꺾는다.

– 해리엇 브레이커(Harriet Braiker), 심리학자이자 경영컨설턴트

이 책을 읽고 있는 사람이라면 완벽주의자가 되고자 하려는 경향이 매우 높을 것이다. 이렇게 추측하는 이유는 힘겨운 시기를 겪고 있는 상담자 대다수가 이런 특성을 가지고 있기 때문이다. 나 역시도 완벽주의자며, 다른 완벽주의자들과 완벽한 창조물에 매우 매력을 느끼는 사람이다. 그래서인지 그런 분들에게 격하게 공감한다.

하지만 나는 이런 성향을 가진 사람들이 힘든 시기일수록 스트레스에 더 취약하고, 기력을 더 소진하며, 스스로를 더 고립시키고 도움을 받지 못한다는 느낌에 빠질 수 있다는 사실 또한 잘 알고 있다. 그럼에도 나는 여러분에게 자신의 완벽주의를 포기하라고 하지 않겠다! 특히 힘든 시기가 왔을 때를 대비하기 위해서라도 그 완벽주의를 잘 조련해둘 필요가 있다.

완벽주의자의 성향

내가 완벽주의자인지 아닌지 확인해보고 싶다면 다음 목
록 중 자신이 해당하는 부분에 체크해보자.

☐ 기준과 목표를 너무 높게 설정해서 시간이나 활력 또는 돈과 일부
　 인간관계에 부담을 준다.

☐ 상대의 진실성이나 진정한 판단 능력을 의심하지 않고서는, 또는 개
　 선되어야 할 몇몇 측면에 관한 고려나 언급 없이는 칭찬을 받아들이
　 기가 어렵다.

☐ 대부분의 사람보다 더 오랫동안 실수와 실패에 대해 숙고하고, 다른
　 사람들의 위로를 편안하게 받아들이지 못한다.

☐ 사람들이 잘했다고 말해주거나 자신도 본인의 결과가 평균 이상임
　 을 알고 있음에도 불구하고 더 잘할 수 있었다거나 더 잘해야만 한
　 다고 생각한다.

☐ 완벽함을 추구하는 것만이 성공의 열쇠이며 늘 자신의 목표가 되어
　 야 한다고 믿는다.

☐ 마감일을 싫어하고, 마지막 순간에 선택을 바꿀 수도 있다고 생각해
　 끝까지 결정을 유보하거나 일을 손에서 놓지 못한다.

☐ 일정을 빡빡하게 채워서 일하고 다른 사람보다 덜 쉰다.

☐ 평가하거나 감독하는 일이 본인 책임이 아닌데도 자기가 정한 기준

이상으로 일을 처리하지 않는 사람을 보면 짜증이 나고 화가 솟구
친다.

☐ 자기나 다른 사람들의 장점보다는 약점에 더 초점을 둔다.

☐ 최소한 하나 이상의 자기 개선 프로젝트를 진행 중이며, 그 이상을
예정해둔다. 그렇게 하지 않으면 죄책감을 느낀다.

각 문항당 1점씩 10점 만점이며, 점수가 높을수록 완벽
주의자에 더 가깝다고 할 수 있다. 그리고 여기서 이 간단
한 평가의 타당성에 의문이 든다면, 자신이 얻은 점수에
3점을 더 추가하고 계속해서 이 책을 읽기 바란다. 점수
가 매우 낮은 편이라 해도 이런 특성을 지닌 사람들을 도
울 방법에 관해 아이디어를 얻을 수 있으므로 어쨌든 이
책을 계속해서 읽어보라고 권하는 바이다.

자기의 잠재력을
최대한 크게 그려라

자신이 80살이라고 상상해보자. 친구들과 전 직장 동료들이 당신을 위해 파티를 열었다. 당신과 당신의 업적, 그리고 예전부터 지금까지 다른 사람들이 당신에게서 영감을 얻고 있는 이유에 관해서 누군가에게 연설문을 써달라고 요청해둔 상태다. 이 연설문이 어떤 내용이면 당신의 마음속이 기쁨과 자부심으로 가득 찰 수 있을까? 자유롭게 상상력을 발산해 이 질문에 답하고, 그에 따라 연설문을 작성해보자. 그리고 이 글을 정기적으로 볼 수 있게 그리고 내용을 추가할 수 있게 어딘가에 잘 보관해두자.

지속해서 큰 그림을 그리는 사람은
어떤 노력을 하든 성공할 수 있는 최고의 기회를 얻는다.

– 존 맥스웰(John Maxwell), 리더십 및 자기계발 전문가

Note

목표 달성을 위해
활동 분류하기

언제나 자신의 기준에 맞게 살아라.
그 대신 필요한 경우에는 그 기준을 낮춰라.

– 미그논 맥로플린(Mignon McLaughlin),
《신경증 환자의 노트북(*The Second Neurotic's Notebook*)》 저자

완벽주의를 잘 조련하기 위해서는 우선 달성하고자 하는 목표의 기준을 세우고 그 활동들을 분류할 필요가 있다. 자신의 삶에서 특별한 몇 가지 활동 영역에 '금메달'이라는 기준을 매겨보자. 그리고 나머지 영역은 '은메달'과 '동메달'이라고 각각 기준을 매기는 것이다. 물론 새로운 상황에 직면했을 때는 언제든지 재조정할 수 있다. 하지만 금메달 목록에 무언가를 추가하려면 금메달에 있었던 다른 활동 영역을 은메달이나 동메달로 끌어내려야 한다는 점을 명심하자.

이렇게 활동 목록을 작성해두면 충분히 좋은 수준을 유지하고자 할 때 언제든지 꺼내 참고할 수 있다. 이 목록을 활용하면 상당량의 시간과 에너지, 그리고 심지어는 돈도 절약할 수 있을 것이라고 확신한다. 또한 자신을 도우려는 그 누구와도 협력하는 것이 훨씬 더 쉬워질 것이다.

달성하고 싶은 활동 분류하기

종이나 컴퓨터 프로그램에 세 칸짜리 표를 만들고 각각
의 항목에 금메달, 은메달, 동메달이라고 써넣는다. 업무
활동 중 중요도를 생각해 세 항목 중 한 곳에 기재한다.
그다음에는 개인적인 활동을 세 항목 중 한 곳에 써넣는
다. 다음의 표는 내가 한 활동들을 어떻게 분류했는지에
관한 예시다.

	금메달	은메달	동메달
업무 활동	책 쓰기	기사 쓰기	이메일 쓰기
	긴급한 문제가 있는 환자 만나기	언론과 인터뷰하기	웹사이트 업데이트하기
		현재는 괜찮아진 환자 만나기	사람들과 관계 형성하기
		강연하기	사무실 일반 관리 업무 수행하기
개인적인 일	딸 숙제 도와주기	건강 유지하기	집 안 청소하기
	남편과 오붓한 시간 보내기	친한 친구 만나기	다른 소일거리 하기
	건강 위기 극복하기	소설책 읽기	

	금메달	은메달	동메달
업무 활동			
개인적인 일			

내 안의
부정적인 감정
인식하기

부정적이고 주눅 들게 하는 감정에서 벗어나
좋은 감정을 만들어낼 수 있는 능력은
당신 안에 이미 내재되어 있다.
그 열쇠는 바로 생각이다.

– 롤프 메르클레(Rolf Merkle), 심리학자 겸 작가

부정적인 감정은 현재 상황을 내가 어떻게 받아들이고 반응할 것인지에 대한 일종의 신호다. 우리가 자신의 감정을 잘 알아차리는 습관은 자기의 생각, 감정, 행동을 잘 파악하고 그에 대처하는 가장 빠른 길이 될 것이다. 또한 감정을 잘 다스리기 위해선 감정을 인식하는 연습이 반드시 필요하다.

계속해서 마음속에 불편한 느낌이 들면 감정을 조절할 필요가 있다. 불편한 감정을 조절하기 위한 첫 번째 단계는 부정적 감정을 분류하여 이름을 붙이는 것이다. 다음 단계는 감정 상태를 점수로 매기는 것인데, 감정이 하나도 느껴지지 않는 편안한 상태부터 자신이 겪었던 가장 격렬한 감정 상태까지 세세하게 분류하는 것이다. 우선 현재 느끼고 있는 감정을 유발했거나 유발할 수 있는 가장 큰 단계부터 가장 작은 단계를 생각해 보자.

나는 잠재적인 감정의 예시로 슬픔과 두려움을 사용했지만, 현재 자신이 어려움을 겪고 있는 부정적인 감정이라면 어떤 것이든 그에 맞게 적용할 수 있다. 그런 감정에는 좌절감이나 외로움, 죄책감, 분노 등이 있다. 지금 겪고 있는 어려움을 최악의 시나리오와 대비해서 살펴보는 일은 자신이 현재 경험하고 있는 불편한 느낌에 대한 정확한 관점을 제시해줄 것이다.

이 전략은 자신의 사고 능력을 분석적으로 전환시킴으로써 자동으로 감정 수준을 낮춰주고 감정 통제력을 높이는 데 많은 도움이 된다.

부정적인 감정에
이름 붙이고 점수 매기기

슬픔, 두려움, 분노, 죄책감 등 자신이 현재 느끼고 있는 부정적인 감정에 점수를 매겨보자. 척도는 자신에게 맞기만 하다면 어떤 것을 사용해도 좋지만, 가장 간단한 방법은 역시 1~10점으로 수치를 매겨 구분하는 것이다.

슬픔

10점 배우자 또는 자녀의 죽음

3점 자신이 하고자 했던 직업을 얻을 기회를 잃음

두려움

10점 전쟁에서 최전선에 나가 싸움

1점 전 세계에서 거의 매일 행해지고 있는 간단한 수술을 받음

10점 :

9점 :

8점 :

7점 :

6점 :

5점 :

4점 :

3점 :

2점 :

1점 :

0점 :

Note

10점 :

9점 :

8점 :

7점 :

6점 :

5점 :

4점 :

3점 :

2점 :

1점 :

0점 :

Chapter 2

자기 자신
돌보기

근래 들어 마음챙김 또는 자가치유는 하나의 산업이 되었다. 사람들은 바쁜 와중에도 시간을 쪼개어 자기 자신을 돌아보고 모든 게 괜찮은지 살펴보고자 한다. 마치 힘겨운 시기를 겪고 있는 친한 친구와 가족에게 하듯이 말이다. 어떤 사람에게는 이렇게 내면을 들여다보는 행위가 제멋대로거나 이기적인 일이라고 생각될 수도 있을 것이다. 하지만 자기 자신을 제대로 돌보지 않으면 다른 사람 역시 돌볼 수 없다는 점을 기억하자. 자가치유는 매일 하는 명상부터 공원에서의 산책 또는 달리기, 만족스럽고 영양가 있는 음식을 먹는 일까지 모든 것이 해당된다.

이번 장의 활동사항은 일상의 소음 속에서 고요한 순간을 찾는 데 도움을 줄 뿐만 아니라 여러분에게 절실하게 필요한 휴식과 삶을 재정비할 기회가 될 것이다.

강렬한 감정을
가라앉히기 위한
마음챙김

마음챙김은 순간적으로 발생하는 경험에 판단 없이 의도적으로 평안함과 안정감을 주기 위해 주의를 기울이는 빠르고도 쉬운 명상 기법 중 하나다. 이는 현존하는 모든 유형의 본질은 결국 자신의 내부 또는 주변에서 일어나고 있는 일에 정신을 집중해야만 알 수 있다는 것이다.

신경과학 연구에 따르면 마음챙김 명상은 실제로 뇌 구조뿐만 아니라 활동에도 눈에 띄는 변화를 일으키고, 또 다른 연구 결과에 따르면 감정을 처리하는 조직을 두꺼워지게 한다고 한다. 또 다른 이점도 있는데, 명상을 함으로써 사고를 처리하는 장소인 뇌의 피질 영역이 나이가 들면서 얇아지는 현상을 늦춰준다. 이는 점점 더 노년에 가까워지는 우리에게 매우 흥미로운 사실이다.

당신의 직업이 예술가라면, 명상이 강렬한 감정을 마음속에 담아두게 해줄 뿐 아니라 더 창의적이게 한다는 사실에 특히 더 관심이 갈지도 모르겠다. 심리학 박사이자《아티스트 되기: 창의력을 통해 자신을 재창조하라(*On Becoming an Artist: Reinventing Yourself*

Through Creativity)》의 저자인 엘렌 랭거(Ellen Langer)
는 마음챙김 효과에 관해 다음과 같이 말했다.

30년 이상 연구한 결과 마음챙김이 비유적으로도,
그리고 문자 그대로도 활기를 불어넣어 준다는
사실을 밝혀냈다.
이는 열정이 샘솟을 때 느끼는 것과 같은 느낌이다.

화를 해소하기 위한 전략 1

이 전략은 화가 났다는 사실을 알아차린 즉시 사용해야
한다. 그러면 자신의 감정을 다스리는 뇌에서 원초적인
비상사태를 대비하는 투쟁/도피/정지(fight/flight/freeze)
반응 센터에 "스위치를 내려"라는 신호를 보낼 것이다. 많
은 사람과 함께 있어도 다음과 같은 전략을 사용하면 매
우 빠르고 용의주도하게 화가 누그러질 것이다.

거리 두기

일반적으로 사람들은 좌절하거나 화가 나면 무언가를 꽉 움켜쥐거
나 쥐어짜 내려 한다. 그러므로 타인과의 신체적 접촉은 되도록 피
하는 것이 좋다. 한 걸음 뒤로 물러나거나, 의자에 기대어 앉거나,
그 자리를 떠나는 것이 효과적이다. 혹은 예전에 할머니께서 말씀
하셨던 것처럼 "한숨 푹 자고 잊어버리자!"

감정 끌어내리기

자신의 분노 반응이 투쟁 모드로 바뀌었다면, 이제 행동을 하기 위
해 이리저리 몸을 들썩이고 싶을 것이다. 이럴 때는 양발을 지면에
단단히 고정하거나 의자나 벽 같은 표면에 기대어 몸을 안정시키

는 것이 좋다. 그런 다음 뇌를 사고 모드로 전환시켜 자신의 감정을 바닥으로 끌어내리자. 방 안에 있는 모든 파란색으로 된 물건을 세거나 눈에 띄는 동그라미의 수를 세거나 50부터 거꾸로 숫자를 세는 등 무엇이든 시도해보자. 이렇게 무언가에 집중하다 보면 분노의 감정이 가라앉는다는 느낌을 들 것이다.

근육이완법 활용하기

- 주먹을 쥐었다 폈다 반복하기
- 얼굴을 최대한 찡그렸다가 천천히 근육 풀어주기
- 발가락을 구부렸다 폈다 반복하기
- 쿠션 방석을 두들겨 패거나 발로 차기
- 손목 흔들기

심호흡하기

- 복식호흡으로 셋을 셀 때까지 숨을 깊게 들이마신다.
- 둘을 셀 때까지 숨을 참는다.
- 여섯을 셀 때까지 천천히 숨을 내쉰다.

화를 해소하기 위한 전략 2

강렬한 감정에 휩싸일 때마다 다음 기법을 사용해보자. 이는 몇 분, 심지어는 몇 초 내에 당신을 편안한 상태로 만들어줄 것이다.

- 몇 초 동안 눈을 감고 마음의 눈으로 몸의 육체적인 현상을 시각화하는 데 초점을 맞춰보자. 예를 들어 심장이 뛰고, 혈액이 몸 속 곳곳을 순환하고, 폐가 안팎으로 움직이는 모습을 형상화해보자.
- 자신의 장기들이 일하는 모습을 담은 가상의 영화를 감상했다면 다음에는 내부의 육체적 활동에 주위를 돌리는 동안 자신의 감정이 얼마나 사그라졌는지 주목해보자.

이 전략은 활용하기가 매우 쉬우므로 일상생활에서 겪는 수많은 어려움 속에서 강렬한 감정을 빠르게 전환시켜줄 것이다.
이 전략이 유용할 수 있는 몇 가지 사례는 다음과 같다.

- 운전 중인데 차가 꽉 막혀서 도로를 빠져나가는 데 시간이 오래 걸릴 것 같다.

- 점심시간에 가게에서 물건을 사는데 당신 앞에 서 있는 사람이 가격표가 붙어있지 않은 물건을 들고 있다. 점원은 부점장을 호출하려고 하는데 부점장 역시 점심시간이라 자리를 비운 듯 보인다.
- 아이들이 등교 시간에 늦었는데 집에 남아있는 유일한 우산을 서로 가져가겠다고 말다툼을 벌이고 있다.

이럴 때마다 자리에 앉거나 어딘가에 기대서 마음챙김 명상을 하도록 하자.

스트레스 해소를 위한
힐링 요법
플로트 테라피

50번째 생일 직전 몇 달 동안 나는 스트레스에 시달렸다. 그런 와중에 내 직업적 멘토인 동시에 어머니와도 같았던 아주 훌륭한 친구까지 잃었다. 나는 도저히 장례식장에 갈 엄두조차 나지 않았다. 그 대신 남편이 스트레스도 풀고 기분도 전환하자며 나를 데리고 주말여행을 떠났다.

여행 기간 동안 모든 일정을 그가 정한 대로 따르라는 것이 조건이었다. 사소한 일정 하나하나까지 남편에게 안내받아야 했고, 나는 그다음에 무엇을 해야 할지 전혀 알 수 없는 상황이었다. 나는 스트레스를 받을수록 통제광이 되려는 경향이 강해지는 편이다. 그래서 여러분도 충분히 상상이 갈 테지만 그 주말여행은 우리 둘 모두에게 아주 무모한 도전이었다!

매우 현명하게도 남편은 나의 첫 활동으로 플로트 테라피(float therapy) 센터에 데리고 갔다. 그 결과 그는 이후 48시간 동안 고분고분하고 평온해진 나를 연이은 치료 과정으로 무사히 안내할 수 있었다. 일요일 오후가 되자 나는 현실 세계로 돌아가기 싫다는 생각마저 들었다. 하지만 월요일 아침 새로운 에너지와 열정으로 가득 찬 채 일어날 수 있었다.

고요하고 따뜻한 바다에 에어매트를 띄운 채 누워 있거나 조용한 수영장에서 튜브를 타고 둥둥 떠 있어 본 적이 있다면 그 회복 효과에 대해 굳이 설명할 필요가 없을 것이다. 현재는 이런 활동들이 스트레스가 몸에 미치는 부정적인 생리적 영향을 감소시킨다는 사실이 과학적으로 증명되었다.

플로트 테라피 센터에는 사해(Dead Sea)의 소금(이는 부력을 증가시키는 것으로도 유명하다)이 첨가된 물로 가득 채워진 개별 수영장이 딸린 작은 방이 있다. 방은 외부 소음으로부터 격리되어있으며 조명은 적절하게 어두운 상태를 유지한다. 미국의 한 연구 프로젝트에 따르면, 이런 환경에서 둥둥 떠다니는 것만으로 스트레스 호르몬인 코르티솔(cortisol)이 21%나 감소한다고 한다. 이는 조용하고 조명이 희미한 방에서 긴 의자에 누워 휴식을 취할 때 얻는 효과보다 훨씬 더 큰 효과가 있다.

집에서 하는 플로트 테라피

self therapy

지금 당장 플로트 테라피 센터에 방문하거나 고요한 바다 위에서 에어매트를 타는 것이 여의치 않을 것이다. 하지만 명상 기법을 사용해서 공간을 부유하는 듯한 감각을 시뮬레이션할 수는 있다. 약간의 연습을 통해 어디서나 부유 상태에 도달할 수 있도록 자신을 훈련해보자.

- 따뜻한 물을 받은 욕조에 몸을 뉘었을 때가 가장 효과적인데 이는 근육을 이완시키는 데 도움이 된다.
- 조명이 희미한 방에서 긴 의자에 가만히 누워 눈을 감고 명상한다.
- 사람들로 붐비고 시끄러운 기차에 앉아있을 때 눈을 감고 떠다니는 듯한 느낌이 든다고 생각한다.

플로팅 탱크에 누워있을 때만큼의 이완 수준에는 도달하지 못하겠지만, 어떤 형태가 되었든 떠다니는 감각을 느낄 수 있다면 스트레스가 신체에 미치는 부정적인 효과가 반전되고 있다는 사실 또한 느낄 수 있을 것이다.

두드려서 하는
심리치료
EFT 기법

63세의 미망인인 로레인에게는 늘 편안하고 믿음직한 차를 갖고 싶다는 꿈이 있었다. 그녀는 삼촌이 남긴 뜻밖의 유산으로 큰맘 먹고 차를 사기로 했다. 마침 25년 동안 친구로 지내는 동네 이웃이 그녀가 염두에 두고 있던 종류의 차를 파는 사업을 하고 있었다. 그녀는 최근 국제경제 위기로 그의 사업이 극심한 어려움을 겪고 있다는 사실을 알게 되었고, 그에게 호의를 베풀 겸 그를 통해 차를 사야겠다고 마음먹었다. 거래는 괜찮은 조건으로 빠르게 성사되었다.

그런데 안타깝게도 두어 달 후에 그 차는 도난당한 차로 밝혀졌고, 차는 즉시 압수되었다. 로레인은 절망에 빠지고 말았다. 그녀의 이웃은 모든 등록 서류가 잘 정리되어있어서 도난당한 차라는 사실을 전혀 몰랐다는 입장만을 고수했다. 로레인은 자신의 돈을 되돌려 받기 위해 그를 상대로 법적 절차를 밟아야만 했다. 그녀에게는 다른 차를 살 돈이 없었고, 그녀와 같은 노령의 미망인에게는 어느 은행에서도 대출을 해주지 않았기 때문이다.

건강 문제와 지리적인 이유로 로레인은 돌아다닐

때 차가 꼭 필요했다. 몇 년 동안 돈을 돌려받지 못할지도 모른다는 얘기를 듣자 그녀는 몹시 불안한 상태에 빠졌다. 친구들은 그녀를 집 밖으로 데리고 나올 수도, 그녀가 너무 순진하고 충동적이었다고 반복적으로 자신을 비난하는 것도 막을 수 없었다. 그녀가 법원 소송 건과 차 없이 살아갈 방안에 대해 강박적으로 걱정하는 것 역시 어쩌지 못했다.

다행히 로레인의 딸 친구 중 한 명이 EFT(Emotional Freedom Technique, 감정의 자유 기법)라고 불리는 비교적 새로운 치료법의 수련 과정을 막 이수한 상담치료사였다. 그녀가 로레인을 도와주겠다고 제안했고, 로레인에게 EFT 치료를 하자고 설득했다. EFT 치료는 놀랄 만큼 효과가 있었다. 로레인의 감정적인 평형 상태는 다시 회복되었고, 여전히 해결해야 할 현실적인 문제들이 남아있기는 했지만 평소 그녀가 누렸던 일상적인 삶으로 되돌아갈 수 있었다. 그리고 가장 중요한 점은 그녀가 심각한 광장공포증이나 우울증 상태로 빠질 위험을 피했다는 것이다.

감정의 자유 기법이란 무엇인가?

감정의 자유 기법(EFT)은 새로운 파워 테라피 중 하나로 '에너지 심리학'으로도 알려져 있다. 이는 고대 중국의 경락 자극 요법을 이용한 것으로 부정적인 감정은 몸의 에너지 체계가 무너진 결과라는 전제를 기반으로 한다. 원리상으로는 침술과 비슷하지만 침을 사용하지는 않는다. 그 대신 경혈 부분을 손가락 끝으로 두드려 자극한다.

경혈을 두드려 에너지 파동을 일으켜 몸의 에너지 체계를 재조정함으로써 막힌 곳을 제거한다는 원리다. 이 자연적인 에너지 이동은 뇌가 특정 문제에 관한 정보를 처리하는 방식을 바꾸고, 두드리는 동작으로 풀리지 않은 문제에 초점을 맞추고 있는 뇌의 조건화된 부정적 반응의 연결 회로를 재배치시킨다.

런던 헤일 클리닉의 상담치료사이자 EFT 전문가인 산드라 네이선(Sandra Nathan)이 스스로 해볼 수 있는 간단한 기법을 알려주었는데, 죄책감과 분노 등으로 자기 파괴적이 된 상태라면 매일매일 실시하는 것이 좋다고 조언해주었다.

EFT 치료법

시작하기 전에 다음의 유의사항을 확인하자.

- 너무 세게 두드릴 필요는 없다. 그저 경혈에 잔잔한 파동을 생성한다는 생각으로 가볍게 두드려라.
- 각 지점마다 일곱 번 정도씩 두드려야 한다.
- 몸의 왼쪽은 왼손으로, 오른쪽은 오른손으로 두드린다. 양손으로 몸의 양쪽 지점을 동시에 두드리면 더 효과적일 수 있다. 물론 가능한 곳만 말이다.

1단계

자신이 걱정하고 있는 문제를 떠올린 다음 슬픔, 죄책감, 공포 등 특정 문제에 대해 겪고 있는 감정의 정도를 1~10점으로 분류해 점수를 매긴다(10점이 최악/최고 수준이다).

2단계

1. 손의 손등 부분을 두드리면서 다음과 같이 긍정적인 생각이나 결심을 말한다. 예를 들면, "내게는 ~한 느낌이 있지만, 나는 나 자신을 온전히 있는 그대로 사랑하고 받아들입니다."

이 과정을 세 차례 반복한다.

3단계

다음 지점을 두드리는 동안 지금 느끼고 있는 감정에 대해 말하고
긍정적인 생각을 반복한다.

2. 정수리

3. 양쪽 눈썹이 시작되는 코에 가장 가까운 부분

4. 양쪽 눈 바깥쪽 옆 가장자리 뼈가 시작되는 부분

5. 양쪽 눈 밑 가장자리 뼈가 시작되는 부분

6. 코 아래 인중

7. 아랫입술과 턱 사이

8. 양쪽 쇄골

9. 팔 안쪽과 맞닿은 겨드랑이에서 약 7.5cm 아래 몸통 부분

10. 유두에서 약 7.5cm 아래 늑골이 만져지는 부분

11. 손목 관절에서 약 2.5cm 정도 떨어진 부분

이 순서를 반복한다.

4단계

심호흡을 하고 스트레칭한 후 감정의 강도 수준을 다시 확인하자.
부정적 감정이 상당히 줄어들었을 것이다. 여기서 긴장을 더 이완
하고 싶다면 감정의 강도 수준이 0이 될 때까지 2단계부터 두드림
을 반복하도록 하자.

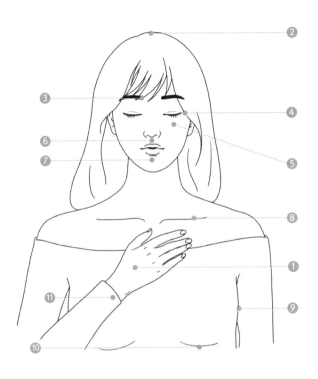

긍정적인 사고
연습하기

오늘날 긍정적으로 사고하는 것이 좋다는 사실은 뉴스 거리도 아니게 되었다. 긍정적인 사고는 건강에 도움이 되고, 직장 생활과 인간관계, 활동적인 삶에 성공적인 결과를 가져다준다는 사실을 입증한 연구 결과는 이미 산더미처럼 쌓여있다. 또한 낙관적인 사람일수록 힘든 경험이나 좌절을 겪은 후 더 빨리 회복된다는 사실도 증명되었다(놀라워라, 놀라워!).

일부 운 좋은 사람들에게 긍정적인 사고는 어떤 도전에 직면했을 때 그들의 뇌가 생산하는 자동 반응이기도 하다. 그들은 언제나 회색 구름 주위에서 빛나는 은색 실선을 보며 다시 한번 태양 빛이 그들을 향해 유리하게 빛나기를 기대한다. 그러나 정반대의 방식으로 자동 반응이 일어나는 사람들도 있다. 그들은 반쯤 채워진 유리잔의 오직 빈 부분만을 바라본다. 당장 물러서야 하는 상황에서 그들은 잠재적인 문제에 가장 먼저 초점을 맞추며 어떤 기회도 바라보지 않으려 한다.

그렇다면 왜 이렇게 뚜렷한 차이가 나타나는 것일까?

어떤 사람들은 의심의 여지없이 유전자의 축복을

받고 태어나 자연적으로 밝은 기질을 지니고 있다. 또 어떤 사람들은 영원히 우는 아기가 될 운명인 채로 자궁에서 나온 것처럼 보인다. 그러나 삶에서의 경험도 중요한 역할을 한다.

인간은 특히 어린 시절의 양육 방식과 롤 모델이 되는 사람과의 유대관계가 삶의 방식에 영향을 미친다는 사실을 우리는 알고 있다. 그래서 반만 찬 유리잔의 빈 부분에 즉시 초점을 맞추는 사람들은 일반적으로 매사 부정적으로 생각하는 부모를 두었거나 선생을 만났거나 어린 시절 실망스럽고 불행했던 경험을 반복했던 사람들이다. 그 결과 그들의 뇌는 투쟁하거나 도피하거나 혹은 그저 그 불행을 멈추게 하는 데 필수적인 생존 전략으로 문제를 예측하고 최악의 상황을 두려워하는 자동 응답 반응을 개발하는 데만 사용한 것이다.

이와 유사하게 성인이 되어서도 반복적이거나 아주 강한 정신적 외상에 노출되었던 사람들은 이런 종류의 부정적인 사고방식이 내재되어있을 수 있다. 일반적인 사례로는 흉포한 전쟁 지역에서 돌아온 군인이나 많은 사람이 죽거나 불구가 된 재난 상황에서 살아남은 생존자들이 그에 해당한다. 그전까지는 타고난 낙관주의자였던 사람들마저도 이런 끔찍한 경험을 하고 난 이후에는 완벽하게 성격이 변화될 수 있다.

기본적인 사고 기능에 부정적인 경향이 있는 사람이라면 먼저 문제의 근원이 어디에 있는지부터 찾아보아야 한다. 그저 대자연의 추첨이 불운의 원인이라고 생각한다면 다음에 소개할 간단한 긍정적인 사고 전략만으로도 충분히 도움이 될 것이다. 하지만 자신의 어두운 전망을 자동으로 불러내는 기능이 어떤 심각한 부정적 삶의 경험에 잡아먹힌 상태라면 긍정적으로 생각하도록 자신을 다시 프로그래밍하기 전에 우선 감정 치유부터 해야 한다.

내가 쓴 책 《감정적 위안(Emotional Confidence)》을 가이드 삼아 스스로 자신을 치유해볼 수도 있고, 상담치료사나 전문의에게 도움을 받을 수도 있다. 그러는 동안 다음과 같은 기법도 함께 시도해보자. 이는 매일같이 벌어지는 도전적인 상황에서 특히 더 많은 도움이 될 것이다.

GEE 전략 프로그램

GEE(Generalizing, Exaggerating, Excluding) 전략 프로그
램은 부정적인 사고의 틀에서 벗어나기 위한 매우 훌륭
한 기술이다. 자신이 비관적으로 생각하고 있다는 것을
스스로(또는 다른 사람이) 알아챘을 때 자신에게 다음과
같은 질문 세 가지를 해보자. 그런 다음 긍정적인 관점으
로 생각을 바꾸어 말하도록 하자.

Q 나는 하나 또는 몇 개의 특정 경험을 일반화하고 있는가?

원래 생각 현재 모든 사람은 너무 바빠서 나를 도울 수 없다.

바꾼 생각 대부분 바쁘게 살고 있지만 제인은 예외다.

Q 나는 현재 직면한 문제나 잠재적인 위험 또는 어려움을
과장하고 있는가?

원래 생각 이 새로운 제한 규정은 공항에 혼돈 상태를 야기할 것이
다. 나는 우리가 그곳에서 밤을 꼬박 새워야 할 것이라고 본다.

바꾼 생각 이 새로운 제한 규정은 모두가 익숙해질 때까지 더 길게
줄을 서야 한다는 의미다. 그러니 우리는 다음 한두 달 정도는 약간

의 지연 사태에 대비해야 한다.

Q 나는 일부 긍정적인 측면이나 가능성을 제외하고 있는가?

원래 생각 그 여자는 남을 신경 쓸 줄 모르는 사람이다. 그녀는 그 저 내 말이 끝나기만을 기다렸다. 그녀가 관심 있는 것은 오직 전화 를 끊는 일뿐이었다고 확신한다. 그래야 제시간에 퇴근할 수 있을 테니까. 그녀에게 다시 전화해봐야 소용없다

바꾼 생각 어제 전화했을 때 그녀의 반응은 분명히 조금 당황스러 워하는 것 같았다. 내가 안 좋은 타이밍에 전화한 것이었으면 좋겠 는데……. 아침에 그녀에게 다시 전화해서 전반적인 문제를 설명 할 기회가 없었다고 말한다면, 아마도 그녀가 잘 들어줄 뿐만 아니 라 몇 가지 제안도 해주지 않을까?

Q 나는 하나 또는 몇 개의 특정 경험을 일반화하고
있는가?

원래 생각 :

바꾼 생각 :

Q 나는 현재 직면한 문제나 잠재적인 위험 또는 어
려움을 과장하고 있는가?

원래 생각 :

바꾼 생각 :

Q 나는 일부 긍정적인 측면이나 가능성을 제외하고

있는가?

원래 생각 :

바꾼 생각 :

명상으로
지친 마음
회복하기

피터와 레베카의 아들 찰리는 영국 육군 중사다. 아프가니스탄전쟁이 다시 확대되기 시작하고 모든 언론매체의 헤드라인을 장악하다시피 하던 때 찰리는 최전방에 배치되었다. 피터와 레베카는 당연히 잠을 잘 이룰 수 없었다. 두 사람 다 불면증으로 인해 일에 영향을 줄 정도로 몸과 마음이 지쳐갔고, 둘 사이에도 악영향을 미쳤다. 그들은 서로에게 짜증을 냈고, 함께 무언가를 즐기는 시간도 훨씬 줄어들었다. 하지만 두 사람 중 누구도 수면제 복용을 고려하지 않았다. 아들이 군대에서 전화할 때를 대비해 밤새도록 정신을 바짝 차리고 있어야 했기 때문이다.

피터와 레베카는 자신들을 걱정하고 조언을 구했어야 했다. 연구에 따르면, 몇 주에 걸쳐 조금씩 끊어 자는 잠과 수면 부족은 뇌에 부정적인 영향을 미친다. 충분한 수면이 기억력 향상에 얼마나 중요한지에 관해서는 우리도 이미 알고 있지만, 최근 새로운 발견을 통해 수면이 변화에 적응하고 새로운 해결책을 찾는 능력에도 영향을 미친다는 사실이 밝혀졌다.

나는 어렸을 때부터 불면증에 시달렸기 때문에 많은 수면 대체재를 실험해보곤 했다. 보통 명상은 영적인 힘의 증대와 연관되어있지만, 깊은 수면과 같이 휴식을 대신할 수도 있다고 증명되었다. 명상은 우리의 몸을 저전력 상태로 만들어주고 중요한 회복 기능을 수행할 수 있게 해준다.

명상 기법을 배우기 위해서는 꾸준한 훈련과 상당량의 수련 시간이 필요하다. 하지만 다음에 소개할 두 가지 명상은 배우기 쉽고 명상 시간도 짧기 때문에 빠르게 기력을 회복하는 데 매우 적합할 것이다. 이 명상은 불면증 환자나 만성피로에 시달리는 사람에게 특히 좋다. 명상 활동 중 종종 발생하곤 하는 잠에 곯아떨어질 확률이 적기 때문이다. 또한 공공장소에서도 손쉽게 할 수 있기 때문에 늘 시간에 쫓기는 바쁜 현대인에게 아주 좋다.

경치 명상

self therapy

내가 가장 선호하는 방법은 무언가를 기다리는 동안 하는 것이다. 무언가를 기다리는 시간이 얼마나 낭비인지 짜증을 내는(심지어 화를 내는) 나 같은 사람에게 에너지를 허비하는 일을 막아주기 때문이다.

다음과 같을 때 시도해보자.

- 짧은 기차 여행 또는 비행기 여행 중에
- 매우 느리게 움직이거나 멈춰있는 대기 줄에 서 있는 동안
- 통화 대기 시간이 오래 걸릴 것임을 미리 알 때
- 차 안이나 사무실 혹은 집에서 늦게 오는 사람을 기다릴 때

비법은 이 명상을 종일 규칙적으로 하는 것이다. 이는 긴장이 쌓이는 상황을 피하게 해준다.

1. 몇몇 근육을 조심스럽게 스트레칭해서 긴장을 풀어준다.
2. 눈을 감고 마음속에 좋아하는 해변의 일몰이나 장미 정원, 공원, 산길 등 평화로움이나 안락함과 연관 있는 장면을 떠올린다.
3. 그 장면을 컴퓨터 그래픽 수준으로 자세하게 시각화한다. 서로 다른 색깔과 형상을 바라보며 각각의 장면의 소리와 향기를 상

상한다.

4. 지금 자신의 몸 안에서 느끼고 있는 평화로움과 아늑한 감각을 찾아내고 그것을 만끽한다. 그 감각을 느끼며 더욱더 긴장을 풀어보도록 한다.

5. 두어 번 크게 심호흡하고 눈을 뜬다.

* 총 명상 시간 3~5분

만다라 명상

만다라는 그림의 모든 부분이 중심점과 연결된 기하학적
인 모양으로 되어있다. 다음 페이지에 예시가 있지만, 인
터넷에서 이미지를 검색하면 여러 아름답고 다채로운 이
미지들을 찾을 수 있다. 심지어 직접 그리거나 색칠해서
사용할 수도 있다. 작게 만들어서 핸드백이나 주머니에
넣어 간편하게 보관할 수 있으며 어디에서든 이 명상을
할 수 있다.

만다라는 수 세기 동안 전 세계에서 내면의 평화를 유도
하는 데 사용되어왔다. 이 명상은 몸과 마음의 휴식을 빠
르게 유도하기 위해 디자인된 최면에 걸리는 듯한 효과
를 이용한다.

우선 편안한 자세를 취한다. 그런 다음 구부린 팔다리를
펴고, 어깨를 한두 번 으쓱한다. 두 발은 살짝 벌려서 편
안한 자세로 바닥을 딛는다. 앉아있는 경우에는 등을 곧
게 펴고 등받이에 똑바로 댄다. 이제 다음 단계를 따라 명
상을 시작하자.

1. 호흡을 깊고 천천히 들이쉬고 내뱉는다.

2. 만다라의 중심점에 3~5분 동안 주의를 집중한다. 주의가 산만
해지기 시작하면 다시 천천히 중앙에 초점을 맞춘다. 긴장을 푸는
동안 마음은 부유하기 시작하고 눈은 디자인의 실선을 따라 맴
돌기 시작할 것이다. 그러면 다시 중앙에 천천히 초점을 맞춘다.

3. 먼저 주먹을 꽉 쥐고 발가락을 잔뜩 구부린 다음 천천히 숨을 들
이마시면서 현실 세계로 돌아온다.

＊총 명상 시간 3~5분

이제 마음이 맑아지고 기력이 생길 것이다. 걱정하던 일을 이미 잊었을 수도 있다. 여전히 마음속에 남아있더라도 그 문제를 해결할 방법에 대한 새로운 아이디어가 생겨날 수도 있다. 이는 만다라 명상을 통해 창조적인 사고 근육의 본거지인 뇌의 해당 부분을 자극했기 때문이다. 그래서 이런 종류의 명상은 일석이조의 효과를 가져다 준다.

영양소
골고루 섭취하기

먹는 즉시 생기가 넘치게 하고 에너지를 제공해주지만 곧 머리를 흐릿하게 하고 기분을 우울하게 하는 단당류 탄수화물은 피하자. 우리는 그런 음식에 무엇이 있는지 이미 잘 알고 있다. 하지만 그중에서도 최악인 파괴자들을 기억해두자.

- ✖ 케이크
- ✖ 각종 감미료
- ✖ 과자류
- ✖ 탄산음료

단백질과 야채 또는 과일을 영양소 균형을 잘 맞춰 골고루 섭취하고 물을 많이 마시도록 하자. 냉장고에는 사고하는 뇌에 활력을 불어넣을 수 있는 음식들을 채워두자. 또한 몸에 안 좋은 음식을 대체할 수 있는 간식거리를 늘 가까이에 준비해놓자. 보온/보냉 도시락을 이용해서 몇 가지 종류의 음식들을 담아 언제든 먹을 수 있게 주변에 두면 좋다.

좋은 먹거리를 준비하자

뇌에 활력을 불어넣을 수 있는 음식물을 몇 가지 제안하
자면 다음과 같은 것들이 있다.

✓ 기름기를 빼고 익힌 닭 또는 칠면조 살코기

✓ 익힌 연어나 정어리, 참치, 고등어 살코기

✓ 올리브유에 구운 새우

✓ 절인 유기농 두부

✓ 당근, 피망, 생브로콜리가 들어간 후무스

✓ 해바라기 씨를 곁들인 호두와 브라질너트

✓ 오트밀 케이크 또는 현미 케이크

✓ 현미밥 또는 현미 파스타

✓ 얇게 썰어 레몬주스에 담근 아보카도를 곁들인 저지방 코티지치즈

✓ 렌틸콩과 가지, 피망을 넣은 샐러드와 미소 된장 드레싱

✓ 병아리콩과 브로콜리, 버섯을 넣은 샐러드 또는 볶음

✓ 시금치와 아스파라거스, 양상추를 넣은 샐러드

✓ 블루베리, 라즈베리, 블랙베리, 오렌지, 키위 등 각종 과일

✓ 신선한 과일을 갈아 넣은 저지방 요구르트

자기 자신에 대한 존경
자기 자신에 대한 지식
자기 자신에 대한 억제
이 세 가지만이 생활에 대한 절대적인 힘을 가져온다.

– 앨프리드 테니슨(Alfred Tennyson), 시인

Part Two : Outer Life

외면의 삶 살피기

......

평범한 일상에 보상하기

안전한 피난처 만들기

Chapter 3

평범한 일상에
보상하기

Routines and Rewards

자신의 업적을 인지하고 자신의 성공에 적절한 보상을 해주는 것은 자존감을 높이는 일이며, 위기의 순간에 스며들 수 있는 자기 의심이란 안개를 제거해주는 행위다. 평범한 일상에 정기적으로 보상하는 행위 역시 자신의 세계관에 절실히 필요한 긍정성이라는 치료제를 주입하는 훌륭한 방법 중 하나다. 이는 현재 상황이 얼마나 애매한지와 관계없이 정기적으로 자신이 일상에 기쁨의 불꽃을 피워 올려주기 때문이다.

이 장에서 하는 활동은 어떤 상황에서 어떻게 스스로에게 보상할지를 알려주고, 자신의 삶에 먹구름이 몰려들었을 때 빠져들기 쉬운 나쁜 습관을 제거할 수 있게 해줄 것이다.

나만의
루틴을
만들어라

어렸을 때 스스로를 달래곤 하던 의식이 무엇이었는지 기억나는가? 나는 자기 전에 아이들에게 같은 이야기를 읽어주고, 같은 노래를 불러주고, 같은 농담을 반복하는 것에 극도의 지루함을 느꼈다. 하지만 그런 행위들은 우리 아이들이 요구하는 바고, 나는 곧 포기의 이로움을 깨닫게 되었다.

똑같이 반복하는 이러한 의식이 사람의 마음을 진정시키는 힘을 가졌다는 점에는 의심의 여지가 없다. 그리고 그것이 유용하다고 생각하는 사람은 아이들에게 괴롭힘을 당하는 부모뿐만이 아니다. 예를 들어 종교 지도자들은 중요한 설교나 연설을 하기 전에 청중을 차분한 (그래서 더 수용적으로 되는) 마음의 틀로 인도하기 위해 친숙한 의식과 노래를 사용하곤 한다.

나는 최근 비즈니스 네트워킹 행사에서 마음에 안정을 가져다주는 의식의 특성에 관해 강연한 적이 있다. 그리고 그 행사의 임원이자 대기업 상임이사인 피터와 이야기를 나눌 기회가 생겼는데 그는 자기가 경험했던 이야기를 해주었다.

피터는 몇 달 동안 이익 감소로 인한 인원 감축 계획에 관해 논의하고자 이사회 동료와 변호사, 회계사들과 극비 수준의 비밀회의에 참여해야 했다. 이사진 대다수와 달리 피터는 그의 경력 대부분을 그 회사에서 보냈다. 또한 그가 존경했던 회사의 창업자는 자애롭고 직원들을 배려하는 사람이었다. 그는 당시 신임 관리자였던 피터에게 "직원을 육성하고 유지하는 것이 장기적인 성공의 열쇠"라고 말하곤 했다. 하지만 지난 몇 달 동안 이사회실 밖에서 피터는 아무것도 바뀌지 않았거나 바뀌지 않을 것처럼 행동해야 했다.

그의 내면은 감정적 지옥 상태에 있었다. 그는 크리스마스 직전에 주요 직책의 해고 발표가 있을 예정이며, 집안의 재정과 가족 부양의 책임을 지고 있는 우수한 근로자 수백 명에게 같은 일이 벌어질 것이라는 사실을 알고 있었다. 피터는 슬픔과 분노, 죄책감과 수치심 등으로 감정이 롤러코스터를 타는 듯했다. 심지어 그는 이런 감정 상태를 아내에게조차 털어놓을 수 없었다. 해고 대상자 목록에 올라있는 사람 중 대다수가 가족끼리 혹은 개인적으로 친한 친구들이었기 때문에 그

녀에게까지 죄책감이란 부담감을 안겨주고 싶지 않았
기 때문이다.

어느 날 아침 피터는 샤워 도중 자신이 직장 생활
을 하면서 심한 압박을 받기 전까지 하루를 시작했던
오래된 습관이 무심코 떠올랐다. 그는 가족과 일 두 세
계를 분리하는 데 도움이 된다고 느껴져 출근길에 매일
같이 산책하곤 했다. 그는 헤드폰을 끼고 음악을 들으
며 가장 빠른 코스에서 다소 벗어나 공원과 다리를 지
나 출근했다. 사무실에 도착하기 직전에는 작은 이탈리
아 카페에서 카푸치노와 갓 구운 크루아상을 먹었다.
그리고 그곳에서 카페의 단골손님들과 종종 대화를 즐
기기도 했다.

그때의 기억이 떠오르고 나서 피터는 그만의 의식
을 다시 시작했다. 그는 이 의식이 힘겨운 시기를 버텨
야 하는 동안 머릿속을 맑게 유지하는 데 도움을 주었
으며, 그래서 그 뒤로도 계속하고 있다고 한다!

하버드 의과대학 연구자들은 이런 의식이 고통을
추스르는 플라세보 효과가 있다는 사실을 발견했다. 이

는 아마도 내가 매일 아침 하는 가벼운 운동이 매우 효과적인 이유일 것이다. 평소에 일어나자마자 재스민차를 마시고 특정 라디오 프로그램을 반주 삼아서 운동하는 의식을 치르지 않으면 나는 온종일 찌뿌둥한 느낌 때문에 결코 안도감을 얻지 못한다!

하지만 하고 싶은 일과 목적 없이 이루어지는 지루한 습관이 된 일과는 차이가 있음을 기억하자. 그래서 똑같은 일련의 행동이 누구에게는 편안함을 주는 의식이 될 수 있고, 다른 누구에게는 의욕을 꺾는 행위가 될 수도 있다. 베스트셀러 《연회에서 올바르게 행동하는 법: 풍요로운 시대의 삶에 관한 회고(How We Behave at the Feast: Reflections on Living in an Age of Plenty)》의 저자 드와이트 큐리(Dwight Currie)의 말처럼 말이다.

어떤 사람의 틀에 박힌 삶은
다른 어떤 사람에게는 의식이기도 하다.

쉽게 할 수 있는
나만의 루틴 만들기

위기에 대응할 만한 한두 가지 새로운 루틴을 만들어보자. 쉽게 즐길 수 있고 긴장 완화에 도움이 될 만한 것들이면 좋다. 다음은 다른 사람들이 유용하다고 말하는 몇 가지 간단한 사례니 참고하기 바란다.

- 오전 중 특정 시간에 10분 정도 커피 마시면서 신문 읽기
- 점심 후 간단하게 산책하기
- 목욕하는 동안 좋아하는 라디오 프로그램 듣기
- 매일 하루에 한 번 가족과 함께 식사하거나 간식 먹기
- 퇴근하거나 쇼핑하거나 아이들을 학교에 태워다 주거나 할 때 음악 감상하기
- 매주 금요일 밤에 영화관에 가거나 집에서 영화나 좋아하는 드라마 보기
- 한 달에 한 번 정도 같은 술집이나 음식점에서 친구 만나기

이미 마음을 진정시키는 자신만의 루틴이 있는 사람이라면 도움이 되는 행위를 그대로 고수하되 힘든 시기를 지날 때 야단법석 떨지 않도록 최대한 꾸준히 하도록 하자.

하루의 시작과 끝을
마무리하는 특별활동

하루를 시작할 때와 끝맺음할 때는 간혹 기분이 처지곤 한다. 이는 혼자 생각에 잠길 때가 많아서기도 하지만 종종 냉엄한 현실로 인해 외롭다는 느낌을 가장 많이 받는 시간이라서 그럴 것이다. 그래서 잠에서 깬 직후나 밤에 자려고 불을 끄고 나서 걱정하는 습관이 생기기 쉽다. 특히 하루가 너무 바빠 밤늦게 쓰러져 자고, 빠듯하게 알람을 맞춰놔서 늘 긴장한 채 하루를 급하게 시작하는 사람일수록 더 그렇다.

한 번은 스트레스를 덜어주는 멋진 휴가를 보낸 후 휴가 때 가장 즐거웠던 일 중 하나였던 침대에서 책 읽기를 집에서도 못 할 이유가 없다는 사실을 문득 깨달았다. 그저 조금 일찍 일어나고 조금 일찍 잠자리에 드는 것을 의식으로 만들기만 하면 됐다. 실제로 나는 그렇게 했고, 18년 동안 이 의식에 대해 다시 생각해본 적조차 없다!

쉽게 할 수 있고 빠른 효과를 얻을 수 있을 만한 즐거운 활동을 한 가지 이상 해보자.

자신의
노력에 대해
보상하기

끊임없이 추진력을 유지하기 위해서는 성공이 찾아올 때까지 기다리기보다는 자신이 노력한 작은 결과에 대해 깜짝 보상을 하는 것이 좋다. 어려운 문제로 인해 힘든 시간을 보내고 있을 때라면 이러한 보상은 특히 더 중요하다. 자신감을 회복하고 다시 전진할 수 있을 만큼 진정으로 만족감을 느낄 때까지 꽤 오랜 시간이 걸릴 수도 있기 때문이다.

개를 훈련시켜본 적이 있는 사람이라면 개에게 주는 보상을 다양하게 하는 것이 얼마나 중요한지 알 것이다. 이는 개의 간식 상품이 다양하게 구성되어있는 이유기도 하다. 포장용기에 손을 넣을 때마다 개나 주인이나 무엇이 딸려 나올지 모른다면 어떨까? 물론 개와 사람과는 큰 차이점이 있을 수 있지만, 어떤 측면에서는 사람도 개와 똑같이 기대에 부푼 어린아이같이 된다! 보상을 무작위로 바꾸면 더 좋은 성과를 낼 가능성이 커진다. 놀라움을 주는 요소는 흥미롭고 즐겁고 훨씬 더 만족스럽기 때문이다.

일상을 보상해줄
깜짝 선물 준비하기

보상을 하기 위해서는 약간의 투자가 필요하다. 그래야 열심히 노력한 뒤에 서프라이즈한 선물을 할 수 있기 때문이다. 이에 관해서는 다음 두 가지 방법을 제안한다.

● 작은 선물을 여러 개 사서 에어캡으로 모양을 알아볼 수 없게 잘 감싸고 똑같은 포장지로 포장하자. 그리고 이것들을 서랍이나 상자에 넣어두었다가 보상할 만한 일이 있을 때마다 눈을 감고 손을 넣어 하나씩 꺼내는 것이다.

● 백지 카드 여러 장을 가져다가 받고 싶은 포상 내용을 각 카드에 하나씩 쓴다.
  – 특정 음식점에서 저녁 먹기
  – 자신이 좋아하는 액세서리나 읽고 싶었던 책 사기
  – 나들이나 주말여행 가기
  – 특정 인물과 오붓한 시간 보내기

이 카드들을 투명한 플라스틱 봉투에 넣어 손가방이나 서류가방에 보관하자. 그런 다음, 성공을 거뒀거나 회복 과정에서 아주 조금이라도 진전이 있을 때마다 카드를 섞고 무작위로 하나를 골라 자신에게 그 카드에 쓰여있는 것을 선물하자.

Note

위안이
되지 않는
보상 확인하기

자신의 몸과 마음, 영혼에 활기를 불어넣기 위해
자신을 스스로 돌보는 것보다 더 좋은 방법은 없다.

– 스테파니 툴스(Stephanie Tourles), 전신 피부 미용사 겸 작가

스스로에게 위안을 주는 작은 보상은 힘든 시기를 견딜 수 있게 해주는 마음의 양식이 되어줄 것이다. 하지만 실망이나 좌절, 분노를 느낀 이후 감정적인 치유가 필요할 때는 훨씬 더 큰 도움을 받아야 한다. 이때는 내가 '뒤끝이 안 좋은 보상'이라고 부르는 종류의 보상을 선택하지 않도록 주의하자. 이는 즉각적으로는 좋다는 느낌을 줄 수 있지만, 연이어서 부작용을 보이는 보상을 뜻한다. 특히 우울한 감정에 빠져있는 사람에게는 매우 흔한 습관이다.

레베카는 남자친구와의 관계가 끝난 후 그 후유증에서 벗어나지 못하고 있었다. 주요 원인 중 하나는 다시 또 상처받고 싶지 않다는 강박 때문이었다. 그녀는 내 책 《감정적 위안》을 읽고 생활에 활력을 더해주기 위한 상담을 받기 위해 여러 번 나를 찾아왔다.

그녀가 문제 해결 방법에 대해 이야기하면서 그녀가 위안을 얻는 방법이야말로 방향을 잘못 잡은 가장 큰 오류임이 명확해졌다. 연인 관계가 끝난 후 그녀가 자신을 위로하는 방법이라고 내게 알려준 유일한 사례는 그녀의 표현대로 말하자면 '망가져 주는 음식들', 즉 초콜릿과 코코넛 아이스크림 같은 것들을 섭취하는 것이었다. 그녀는 여러 해 동안 체중 문제로 고생했기 때문에 이 방법이 결코 그녀에게 진정한 위안이 될 수 없는 '뒤끝이 안 좋은 보상'이라는 것을 너무나 잘 알고 있었다.

뒤끝이 안 좋은 보상은 건강에 해롭고, 다음날 직장에서 일에 집중할 수 없을 정도로 악영향을 미치고, 간당간당한 은행 잔고를 갉아 먹거나 주변 사람들에게 짜증을 내게 한다. 장기적으로도 추가적인 다른 문제와 스트레스를 유발하기 때문에 비생산적인 보상임이 틀림없다. 또한 많은 사람이 레베카가 그랬듯 죄책감을 느낄 것이 확실하므로 이런 보상은 그나마 남은 자존감마저 앗아갈 것이다.

나쁜 보상 경고 목록 만들기

다음 표에 나쁜 보상 경고 목록을 만들기 위한 일반적인
사례 몇 가지를 제시해두었다. 도움을 주고 싶어 하는 누
군가에게 자신의 목록을 보여주는 것도 좋은 방법이다.
그 사람에게 좋은 대안 목록 작성을 도와달라고 부탁할
수도 있으니 말이다.

나쁜 보상	뒤끝이 안 좋은 점
취하도록 술 마시기	숙취, 후회할 말이나 행동, 간 손상
단 음식 먹기	체중 증가, 치아 손상, 당뇨 위험
쇼핑하기	불필요한 충동구매, 쌓여가는 신용카드 빚
싸구려 주말여행	여행 및 관광으로 인한 탈진, 좋지 않은 음식과 우중충한 숙소로 인한 기분 저하
값비싼 부케	빨리 시듦, 싱그러운 꽃다발보다 다섯 배쯤 비싼 가격
잦은 외식	영양 면에서 좋지 않음, 과식, 과도한 음주

충분히 좋은
보상 계획하기

우리가 침묵을 유지하고 충분히 준비되면,
모든 실망으로부터 보상을 얻을 것이다.

– 헨리 데이비드 소로(Henry David Thoreau), 철학자

스페인 공군 조종사인 션은 45세에 심장 우회 수술을 받았다. 수술에서 회복하고 그는 39세 때처럼 건강하고 능력도 충분하다고 느꼈지만 무기한 병가 상태에 놓이게 되었다. 많은 사람이 이 강제 퇴직을 환영했을지 모르지만, 이는 그와 그가 너무나도 사랑하는 가족과의 관계를 혼란 속에 빠뜨리고 말았다. 그는 자신이 했던 일을 그리워했다. 그 일은 심리적으로 압박감이 높긴 해도 늘 흥미진진했다. 또한 동료애와 자신의 지위, 책임, 그리고 수많은 여행의 기회도 그리웠다.

션의 가족도 이런 변화에 적응하기가 어려웠다. 그들은 그가 집에 있는 것에 익숙하지 않았다. 그에게는 세 명의 십대 자녀가 있었는데, 나이는 달라도 셋 다 부모의 인내심의 한계를 시험하는 시기에 도달해있었다. 이전까지 집안의 규칙과 규율을 정하는 것은 션의 아내, 그리고 그녀와 함께 자녀와 대부분의 시간을 보내는 효과적인 공동 양육자인 그녀의 어머니(장모) 영역이었다. 두 여성 모두 그 통제 영역에 션이 개입하기 어렵다는 사실을 알게 되었다. 또 자녀들은 보통 십대들과 마찬가지로 재빨리 이 서로 다른 규칙과 의견 불일

치를 돈을 타내는 데 이용하기 시작했다.

션은 이러한 상황에서 스트레스를 받지 않을 수 없었다. 그를 포함한 가족은 이미 생각이 고정되어있어서 다른 변화를 쉽게 받아들일 수 없었다. 그는 집에서 벗어나 있을 시간이 필요했지만, 그러면 병가수당을 받을 수 없게 돼 다른 일을 하는 건 불가능했다. 그는 지금까지 특별한 취미를 가져본 적이 없었고, 그의 친구들은 죄다 스페인 너머 전 세계를 날아다니고 있었다. 집을 찾는 친구들은 당연히 아내의 친구들이었고, 션은 이 촘촘하게 엮인 집단과 동떨어진 느낌마저 들었다.

진지하게 속 깊은 대화를 나눈 끝에 션과 그의 아내는 그가 마침 2주 동안 휴가를 얻은 친한 동료와 함께 지내는 것에 동의했다. 이 동료는 최근 골프장과 해변이 인접한 아파트를 구매해 그곳에서 휴가를 보내고 있었다. 션과 그의 동료 모두 골프에 관심을 가져본 적이 없었지만, 한 이웃이 그들을 자신의 골프 동호회에 초대했다. 아마도 이것이 위기에 처한 션의 결혼생활을 구해준 열정의 시작이지 않았을까 싶다. 션에게 골프에 타고난 재능이 있다는 사실은 금세 명백해졌다. 친구의 격려를 등에 업은 그는 집에 돌아와서 프로골퍼에게 20차례 레슨을 받고 동네 동호회 회원으로 등록하기에 이르렀다. 가족들은 그가 사랑하던 일을 잃은 것에 대한 보상으로 병가수당을 그곳에 쓰는 데 동의했다.

자신이 겪었던 감정적 상처에 대해 스스로에게 보상하는 것은 심리 치유 과정에서 가장 필수적이다. 힘든 시기에는 현실적인 문제들을 정리하는 데 너무 깊이 몰두하곤 한다. 그래서 정작 정서적인 건강은 무시되고 만다. 그보다 재정과 관련된 사항이 늘 우선시되기 때문이다. 만약 보상이 가능하다면 말이다. 하지만 사기 진작을 가져다준다고 믿어 의심치 않을 만족스러운 보상은 션이 자신에게 준 것과 같은 보상이다. 골프라는 아이디어는 그가 일찍 은퇴함으로써 느꼈던 상처와 잘 맞아떨어졌기 때문에 더 효과적이었다. 이는 그가 지닌 최고의 재능을 사용할 수 있게 해주었기에 자존감을 높여주었고, 그가 그리워했던 사람들과 우정의 울타리를 쌓을 수 있게 해주었으며, 그와 그의 가족들에게는 그동안 익숙했던 자기 자리로 돌아갈 기회를 주었다.

자신과 잘 맞는 보상 목록 만들기

올바른 보상을 선택하기 위한 가장 중요한 핵심은 자신의 좌절로 인해 발생한 손해에 관해 생각하는 것이다. 이는 심리적인 문제일 수도 있고, 물질적이거나 재정적이거나 사회적인 문제거나 개인의 성장 혹은 건강상의 문제일 수도 있다. 물론 이들 중 몇 가지가 복합적으로 겹쳐진 경우도 있을 것이다. 하지만 충분한 보상을 위해서는 하나의 핵심 영역을 선택하는 것만으로도 감정적인 치유에 충분히 효과적일 수 있다. 다음은 보상 유형을 구상하는 방법에 관한 몇 가지 예시다.

손해 친구 관계에 있어서 신뢰를 잃음
보상 동호회에 가입해서 새로운 친구 사귀기

손해 낙관적 전망을 잃음
보상 기운을 북돋우는 명언집 읽기
　　　영감을 주는 인물들에 관한 영화나 다큐멘터리 보기

손해 육체적 능력을 상실함

보상 정신력을 배양할 수 있는 취미 갖기

손해 집을 이사하면서 정원이 없어짐

보상 다른 누군가가 관리하는 아름다운 공원 가기

Note

손해 :

보상 :

손해 :

보상 :

손해 :

보상 :

Chapter 4

안전한 피난처 만들기

Create a Safe Haven

세상이 혼란스러울수록 주변에 방호벽을 치고 폭풍이 지나갈 때까지 기다려야 하는 것은 당연한 이치다. 바깥세상으로부터 숨는 것만이 능사는 아니지만, 자신의 감정을 최대한 잘 느낄 수 있도록 한발 물러서서 나만의 평온하고 고요한 장소를 만들어두는 것은 안정감을 얻는 데 많은 도움을 준다.

이 장에서 알려주는 몇 가지 아이디어를 통해 집이나 직장, 또는 전혀 뜻밖의 장소에서 자신만의 안식처를 찾고 구축해보도록 하자.

잡동사니
정리하기

과연 집에 몇 가지 잡동사니도 없이 살아가는 사람이
있을까?

몇 년 전 나는 우리 집을 원래 살던 곳보다 훨씬 더
작은 거처로 옮겼다. 당시 우리는 우리가 가진 것을 절
반으로 줄였지만, 여전히 많은 잡동사니가 딸려와서 큰
창고를 가득 채웠다. 지금까지도 남편과 나는 그 창고
에 들어가 보자는 이야기조차 꺼내지 못한다. 그리고
이제는 그 안을 가득 채우고 있는, 버리기에는 너무 중
요하다고 생각했던 것들이 도대체 무엇이었는지조차
기억하지 못한다!

잡동사니가 잔뜩 쌓인 집 안을 치우는 일은 자기
만족에 찬 미소를 스스로에게 보낼 수 있는 결코 실패
하지 않을 아주 간단한 활력 회복 작업이다. 이는 부득
이하게 친구들과 이웃들의 부러움을 자극하고 감탄의
말을 이끌어내기도 하다. 또한 자존감을 북돋우고 동기
부여를 해주는 힘이 있기 때문에 상담자들에게 치료를
위한 숙제로 제안하기도 한다.

힘든 시기에 기운이 빠져있거나 회복을 위한 다음
단계로 넘어가기 전에 무언가를 해결되거나 명확해질

필요가 있을 때 건설적인 중간 활동으로 하기에도 매우 좋다. 또한 인간관계나 직장, 가정에 안녕을 고하고 싶을 때 치유를 위한 폐쇄의식으로도 아주 효과적이다.

잡동사니 정리 팁

다음은 잡동사니들을 정리하는 데 도움이 될 만한 몇 가지 팁이다.

- ☐ 쓰레기봉투나 상자를 가져다가 각각 '기증', '재활용', '쓰레기'라고 라벨을 붙인다.
- ☐ 정리하는 데 필요한 작업 시간과 작업 완료일을 정하자. 하루에 다 할 수도 있고 일주일이나 한 달 정도 기한을 정한 후 몇 주에 걸쳐 끝낼 수도 있다. 그러나 어떤 일정을 선택하든 가능한 한 빨리 분류 작업을 시작하자.
- ☐ 무엇을 어느 상자에 놓을지에 관해서는 처음 떠오른 생각에 따르는 것이 좋다. 처음 생각한 것이 거의 항상 옳기 때문이다.
- ☐ 작업이 언제 끝날지 친구에게 미리 알리고 가능하다면 정리가 끝난 것을 함께 축하하자.
- ☐ 상처받은 후에 감정적 치유의 일부로 정리 작업을 한다면, 특정 물건을 찢어버리기나 땅에 묻고 태워버리는 행위만으로 놀라운 효과를 얻을 수 있다. 그러고 나면 인생의 다음 장으로 나아가고 싶은 욕망이 스멀스멀 올라올 것이다.

행복한 순간을
떠올리게 하는
향기

원한다면 꽃병을 깨거나 산산조각 내도 좋다.
그래도 장미의 향기는 여전히 그 주변을 맴돌 것이다.

– 토머스 모어(Thomas More), 르네상스 시대 학자 겸 연설가

나는 이 인용구를 아주 좋아한다. 삶이 산산조각 났을 때도 그 아름다웠던 순간의 기억과 좋은 느낌은 여전히 남아있을 것이라는 사실을 상기시켜주기 때문이다. 또한 우리는 토머스 모어의 철학에 숨겨진 지혜에 과학적인 이해를 덧붙일 수 있다. 후각에 관한 반응 중추가 기억이 저장되는 감정을 관장하는 뇌의 가장 원시적인 영역에 속해있기 때문이다. 이것이 바로 향기가 감정의 즉각적인 반응과 기억을 불러일으키는 이유다.

스페인에서 런던으로 돌아와 잠깐씩 일을 보는 동안 나는 종종 런던에서의 삶에 다시 정착하기 힘들 거라는 생각이 들곤 한다. 어둡고 우울한 날이면 특히 더 그렇다. 어느 날은 컴퓨터 앞에서 몇 주 동안의 작업으로 스트레스를 받고 있었는데, 나는 결국 재스민 오일이 필요하다는 결론을 내렸다. 재스민 오일을 발향시키자 내 기분은 훨씬 좋아졌다. 스페인 집에서 느꼈던 즐겁고 편안했던 분위기가 재스민 향기로 되살아나는 듯했다.

감정의 상승효과가 필요할 때마다 이 원시 메커니즘을 사용해보자. 더 행복한 시간에 어울리는 향기를 선택하자. 발향시킬 오일이나 당장 사용할 향수가 없다면 상상력을 이용하는 것도 하나의 방법이다. 좋았던 기억을 떠올리고 마음속 향기를 재현하는 데 집중함으로써 그 기억과 연관된 좋은 감정을 생성시킬 수 있다.

좋은 감정을 생성하는 향기

self therapy

다음에 열거한 향기들이 상기시켜주는 즐거운 감각을 재현하는 연습을 해보자.

- 금방 깎은 여름 잔디
- 바다에서 불어오는 시원한 공기
- 신선한 장미 꽃잎
- 좋아하는 향기
- 좋아하는 음식 냄새

기분을
UP 시켜주는
음악 모음집
만들기

음악은 야만적인 가슴을
어루만져주는 신기한 힘이 있다.

– 윌리엄 콩그리브(William Congreve), 극작가

음악은 뇌의 감정 중추에 직접적으로 빠르게 연결된다. 그 음악이 강렬한 느낌을 불러일으키는 과거의 특정 사건과 연관이 있다면 특히 더 그럴 것이다. 그 음악을 듣는 즉시 해당 기억이 새겨졌을 때 느꼈던 것과 똑같은 감정이 되살아나기 때문이다.

이탈리아의 음악학자 다니엘라 페라니(Daniela Perani)와 마리아 크리스티나 사쿠만(Maria Cristina Saccuman)은 생후 3일이 채 안 된 아기들에게 여러 소리를 들려주며 신생아의 뇌를 스캔하는 연구를 진행했다. 그 결과 음악을 들을 때는 음높이와 음색 같은 음악적 자극을 처리하는 우뇌 반구의 영역이 활동한 반면, 불협화음을 들을 때는 좌뇌 반구의 영역이 활발하게 움직이는 등 차이가 났다. 이는 아기들이 태어날 때부터 음악적 감각을 어렴풋이 갖추고 있다는 것을 말해준다. 인간은 선천적으로 음악성을 타고난다는 애기다.

긍정적인 감정을 되살리는
음악 목록 만들기

List
Up

나만의 음악 모음집을 만들어보자. 예를 들어 현재 나에게 닥친 난관을 헤쳐나가는 데 도움이 되는 긍정적인 감정을 되살리는 음악을 모아보는 것이다. 힘든 시기에 유용하다고 생각되는 모음집에 관한 아이디어 다섯 가지를 소개한다.

그 자체만으로 신나는 용도

스콧 조플린(Scott Joplin)의 래그타임 뮤직. 우리 첫째 딸이 바운서 안에서 신나게 춤추었던 기억을 되살려주기 때문이다.

아무 걱정 없이 유쾌하게 하는 용도

세비야나(Sevillana)의 플라멩코 음악. 다양한 연령의 사람들이 축제일에 함께 모여 즐겁게 춤추었던 행복한 기억이 떠오르기 때문이다.

낙관주의를 떠올리게 하는 용도

엘비스 프레슬리(Elvis Presley)의 〈푸른 가죽 신(Blue Suede Shoes)〉. 내 삶과 세상에 긍정적인 변화가 가능하다고 확신했던 십대 시절 라디오 해적방송으로 들었던 기억이 떠오르기 때문이다.

자신감을 얻기 위한 용도

베르디(Verdi)의 오페라 〈아이다(Aida)〉. 위압감이 느껴질 정도로
많은 청중을 대상으로 했던 매우 성공적인 강연을 하러 가는 길에
들었던 곡이다.

만족감을 얻기 위한 용도

말러(Mahler)의 교향곡 제5번 〈아다지에토(adagietto)〉 4악장.
나와 마찬가지로 이 음악을 사랑하는 남편과의 소중한 동반자 관
계를 생각나게 하기 때문이다.

일단 자신만의 개인 모음집을 만든 다음에는 필요할 때
마다 감정 상태를 바꿀 때 쓸 수 있도록 찾기 편한 곳에
보관하자.

그 자체만으로 신나는 용도

아무 걱정 없이 유쾌하게 하는 용도

낙관주의를 떠올리게 하는 용도

Note

자신감을 얻기 위한 용도

만족감을 얻기 위한 용도

빚으로부터
자산 관리하기

빚은 자유의 노예일지어다.

– 푸블릴리우스 시루스(Publilius Syrus), 기원전 1세기 로마 작가

이 책의 서론 부분에서 말했듯이 나는 전 세계적인 팬데믹 속에서 이 책을 쓰고 있다. 코로나바이러스는 이미 수백만의 사람을 경제적인 어려움 속으로 몰아넣었고, 빚더미에 올라앉지 않을까 하는 심각한 불안감과 우울증의 서막을 열었다.

페어뱅킹의 지점장 앤서니 엘리엇(Anthony Elliot)은 사람들이 어떻게 빚을 지고 또 어떻게 벗어나는지에 관해 특별한 연구를 진행했다. 그는 의욕 수준이 이 현상들에 결정적인 역할을 한다고 말했다. "의욕이 낮은 상태에서는 사람들이 재정과 빚에 대해 현실과 동떨어진 방식으로 접근하려는 경향이 있다. 우리의 연구에서 밝혀진 바대로 불안감의 정도는 빚/수입 비율과 직접적으로 비례 관계에 있기 때문에 매우 우려된다."

그러므로 이 책을 세계 금융 호황기에 읽고 있다 하더라도 의욕이 저하된 상태라면 빚 문제로 곤란을 겪지 않을 방법을 미리 마련해두는 것은 매우 유용하다. 자신의 재정적인 풍족함이 언제 어떻게 바뀌게 될지는 아무도 모르는 일이며, 안정성과 독립성을 더할 수 있는 일을 한다면 자신의 기운을 북돋울 수 있을 것이다.

빚 탈출을 위한 아이디어 8가지

다음은 당장 혼자서도 할 수 있는 빛 탈출에 관한 몇 가지 아이디어들이다.

- 현실 감각을 잘 유지하고 "무언가 방법이 생길 거야"라며 가만히 앉아서 요행을 바라지 마라. 자신의 돈 관리나 지출 방식을 조정해서 재정적인 어려움으로 인한 위협에 대응해야 한다.

- 현금이나 체크카드만 사용하겠다고 맹세하자. 맹세의 기념으로 자신의 신용카드를 모조리 잘라버리자. 아니면 그중 하나만 남겨놓는 대신 사용을 중지시키자. 잘라버린 카드 조각들을 유리병에 담아서 주방 조리대 위에 올려놓자. 그것을 볼 때마다 자신이 멋지고 결단력 있다는 느낌을 받을 수 있을 것이다. 이런 유리병을 자신의 책상 위에 올려놓은 부채 컨설턴트를 아는데 새로운 상담자가 올 때마다 이 방법에 대해 조언하기도 전에 그들 스스로 자신의 카드들을 잘라 그 병에 집어넣는다고 한다.

- 매월 자동이체로 나가는 돈이 자신의 급여가 은행 계좌에 입금된 후 출금되는지 확인하자. 이체 예정 금액을 돈을 써버리기 쉬운 체크카드와 연결되지 않은 계좌로 옮겨놓는 것도 좋은 방법이다.

- 부채 상환 한도를 자신이 감당할 수 있는 최고 수준으로 늘려놓자.

- 뭔가를 싸게 구매할 수 있다고 해서 남에게 돈을 빌리는 일은 절대

하지 말자. 부채 전문가들은 이런 습관이야말로 취약한 재정 상황을 만드는 최악의 습관이라고 말한다.

● 자신이 가진 부채를 매수하거나 재판매해주겠다고 제안하는 이메일과 문자를 모두 삭제하자. 그런 것들은 오래지 않아 더 큰 재정적 부담을 초래할 것이다. 그리고 자신이 속았다는 사실을 깨닫는 순간 빚에서 탈출하고자 하는 의욕은 급격하게 저하될 것이다.

그리고 마지막으로 앤서니 엘리엇이 알려준 최고의 팁 두 가지다.

● 매달 두 가지를 체크하자. 첫째는 자신의 지출 수준이다. 이는 현재 자신이 수입 범위 내에서 지출하는지 확인하기 위해서다. 둘째는 자신의 빚/수입 비율이다. 이는 자신의 수입으로 지출과 빚을 어느 정도 감당하고 있는지를 확인하기 위해서다.

● 자신의 돈을 일종의 냄비라고 생각하자. 자신의 주요 지출 내역을 각각 한정된 돈 냄비에 담고, 각 냄비의 예산 범위 내에서 지출하는 것을 목표로 삼자. 이는 예산 책정에 관해 배우는 초기 단계의 사람들에게 특히 도움이 된다.

절약하기 위해
전문가에게 투자하자

지금 당장 괜찮은 재정적 조언을 얻어 혜택을 볼 수 있다면, 재정 전문가에게 일회성 미팅 비용을 지불하는 것도 나쁘지 않다. 장기적으로 상당한 비용을 절약하는 데 도움이 된다면 컨설팅 비용은 매우 가치 있는 투자다. 하지만 그 사람이 진정한 조언자인지, 아주 많은 사람이 그렇듯 보험 판매원인지는 반드시 확인해야 한다.

그럴 만한 여유가 없다면 무료로 조언을 얻기 위해 돈보다는 시간을 투자하는 방법을 선택하자. 정부기관이나 자선단체를 찾아가면 종종 대기 시간이 길기는 하겠지만, 대기 시간을 생산적으로 이용할 방법은 아주 많으니 그것이 꼭 우울한 경험이 되진 않을 것이다. 우리는 이제 새로운 무언가를 계획하거나 배우거나 명상하는 데 대기 시간을 사용할 수 있으니 말이다.

자기 자신이 해낸 것을 즐기는
그리고 자기 자신이 하고 있는 것을 즐기는 사람은
행복한 사람이다.

– 요한 볼프강 폰 괴테(Johann Wolfgang von Goethe),
작가이자 철학자이며 과학자

Part Three : Creative Life

회복탄력성 강화하기

......

번뜩이는 창의력 회복하기

뇌 활성화시키기

Chapter 5

번뜩이는 창의력
회복하기

Spark Creativity

어렸을 적에 우리가 살던 세상은 컴퓨터 게임과 역할놀이부터 노래, 춤, 색칠공부와 그림 그리기에 이르기까지 다채로운 창의력의 집합체였다. 하지만 차차 성장해가고 성인이라는 족쇄를 차게 되면서 우리는 이 창조적인 결과물들은 물론 그것들을 수행할 자신감조차 잃어버렸다.

이 장에서 연습할 내용은 여러분의 창의력의 불꽃을 회복할 수 있도록 도와 자신의 감정을 아름다운 무언가를 창조하는 데 활용하고, 자신의 삶이 다채로운 색깔로 칠해질 수 있도록 감정의 물감 뚜껑을 모두 열어볼 수 있게 구성했다.

숨은 재능
되살리기

역경은 평소 같으면 잠들어있을 재능을
이끌어내는 효과가 있다.

– 호레이스(Horace), 로마 시인 겸 철학자

내 스페인어 선생님이자 친구인 조이스는 40대 초반에 파킨슨병 진단을 받았다. 진단을 받은 후 첫 두 달 동안은 충격을 받고 자신의 미래에 대해 심각하게 고민했다. 하지만 그녀의 타고난 긍정적 투쟁 의지는 그녀를 곧 다시 일어서게 했다. 그녀는 이 병에 관해 가능한 한 많이 조사했고, 꾸준히 운동을 지속한다면 증상을 상당히 개선할 수도 있다는 사실을 알게 되었다.

어렸을 때 공예에 재능을 보였던 그녀는 파킨슨병 진단을 받은 후 취미로 하던 공예를 다시 시작했다. 지금 그녀는 매우 복잡한 형태로 이루어진 종이 인형 만들기와 글씨를 아름답게 쓰는 기술인 캘리그래피를 활용해 세상에서 하나밖에 없는 아름다운 카드와 액자를 만들어 친구들에게 선물로 나눠주곤 한다. 이런 작업을 통해 그녀의 손가락과 손의 움직임은 상당히 좋아졌다. 나는 그녀의 작품 중 하나를 사무실 컴퓨터 옆에 놓아두었는데, 이는 내 영감의 변함없는 원천이 되고 있다.

새로운 재능 개발하기

혹시 예전에 하다가 그만둔 취미나 운동이 있다면 지금
당장 다시 시작해보도록 하자. 한 가지도 생각나지 않는
다면 지금이야말로 새로운 재능을 개발할 수 있는 절호
의 찬스다.

- 가구 만들기
- 드럼 연주하기
- 파티 조직하기
- 물건 정리하기
- 새로운 언어 배우기

새로 시작하고 싶은 취미생활이나 꼭 해보고 싶었던 활
동을 적어보고 구체적인 활동 계획을 세우자.

Note

다른 방식으로
행동하고
생각하기

그저 평범해지기 위해 엄청난 에너지를 소비하는 사람들이
있다는 사실에 관해서는 어느 누구도 이해하지 못한다.

– 알베르 카뮈(Albert Camus), 소설가 겸 철학자

때때로 우리가 지닌 성격의 틀에서 벗어나 보는 것은 매우 큰 깨우침과 삶에 활력을 가져다준다. 우리의 삶이 별 탈 없이 잘 굴러갈 때도 우리는 순전히 재미를 위해 핼러윈데이나 디즈니랜드 여행 등 일탈을 경험하고자 할 때도 있지 않은가! 하지만 힘겨운 시기일수록 익숙함에서 벗어나 보는 것은 더 큰 의미가 있다.

문제가 있는 상황에서는 종종 평소의 자신과 다른 방식으로 행동하고 생각할 필요가 있다. 이 '괴짜 되기' 연습은 내가 상담자들과 여러 해 동안 해온 것으로, 그들에게 엄청난 자신감을 심어줄 뿐만 아니라 지금까지 그들에게 감춰져 있거나 잊혀져 있던 측면에 대해 통찰력을 마련해준다는 사실이 증명되었다. 단, 이러한 행동은 재미있어야 하며, 혹 다른 사람에게 피해를 준다면 자존감 회복에 아무런 도움이 되지 않는다는 사실만은 꼭 기억하자.

기분 좋은 일탈 꿈꾸기

다음은 일상에서 벗어날 수 있게 하는 특별한 경험의 몇 가지 예들이다. 기분 좋은 일탈이 만들어내는 긍정적 효과를 경험해보도록 하자.

무일푼으로 쇼핑하기

쇼핑을 하러 갈 때 약간의 비상금만 챙기고 신용카드는 가져가지 않는다. 그런 다음 마음 가는 대로 자유롭게 옷을 입어본다. 나도 한때 이 방법을 시도하고 배운 바가 있다. 나는 내 생각에도 지독히 멍청해 보이는 모자를 쓰고 있었는데 두어 명의 쇼핑객에게서 아주 진지하게 그 모자가 나와 아주 잘 어울린다는 말을 들었다. 이를 통해 나는 나의 옷 입는 방식이 너무 고루해졌다는 사실을 깨달았다. 더 어렸을 적에는 사람들의 시선을 끄는 옷을 입는다는 소리도 많이 들었고, 그런 옷을 입는 걸 즐겼던 나였는데.

범상치 않은 액세서리 착용하기

중고품 가게와 노점은 독특한 액세서리 제품을 싸게 살 수 있는 좋은 장소다. 몇 개 사서 특별한 행사가 있을 때 위풍당당하게 차고 나가자. 한 고위 간부는 회사 파티에 루돌프 사슴코가 빨갛게 번쩍

이는 넥타이를 매고 갔다고 한다. 이런 복장은 평소 그의 성격과는 매우 다른 선택이었고, 그를 잘 안다고 생각했던 사람들에게 긍정적 놀라움을 선사했다.

평소와는 다른 음식 주문하기

나의 또 다른 상담자는 한겨울에 아침 식사로 아이스크림 디저트를 주문한 결과 함께 아침을 먹으러 간 동료들로부터 약간의 기분 좋은 놀림을 받았다고 한다. 이는 재정적인 어려움으로 인해 지나치게 민감했던 그에게 기분 좋은 하루를 선사했다. 사람이 밝아진다고 해서 그의 은행 잔고 상태가 좋아지진 않겠지만, 물론 더 줄어들지도 않았고, 그의 아내는 그의 유머 감각이 되돌아온 것에 대해 감사해했다.

흥얼거리는 콧노래가 주는 효과

콧노래를 흥얼거리는 것은 《두뇌를 바꾸면 인생이 달라진다(Change Your Brain, Change Your Life)》의 저자 대니얼 G. 에이먼(Daniel G. Amen) 박사가 알려준 매우 간단하면서도 대단히 좋은 팁이다. 정신과 전문의이자 뇌과학자인 에이먼 박사에 따르면 흥얼거림이 기분과 기억력 모두를 좋아지게 하는 효과가 있다고 한다. 이는 사람들이 특정한 일을 할 때 뇌가 어떻게 반응하는지를 직접 확인한 결과일 뿐만 아니라 상당한 임상 사례를 바탕으로 나온 결과다.

흥얼거림은 사기를 북돋워 주고 마음을 조율하는 두 가지 일을 한꺼번에 수행한다. 에이먼 박사는 의식적으로 흥얼거리는 시간을 가지라고 제안한다. 자신이 더 어려운 상황에 직면할 때까지 기다리지 말자. 지금 당장 행복한 콧노래를 불러 손쉽게 사기를 진작시키자!

새로운 도전으로
창의력 자극하기

창의적인 글쓰기는 잘 되어가고 있습니다. 저는 할아버지에게 비열한 사람들을 보라색으로 변하게 하는 비법을 전수받은 소년에 관한 이야기를 쓰려고 노력 중이에요! 하지만 글쓰기 모임에서 제 작품을 발표하는 건 아직 너무 어렵습니다. 제가 쓴 내용을 공유하기란 정말이지 쉬운 일이 아니에요. 저는 두 개의 글쓰기 모임에 나가고 있어요. 그중 한 모임은 한 달에 한 번 참석하는데, 그 모임의 일원들과 선생님을 만나는 게 정말 좋습니다. 수업이 끝나면 호프집에 가곤 해요. 이것도 정말 끝내주는 경험이지요. 모두가 서로를 열렬히 지지하고 즐거운 시간을 보내고 있어요.

이 글은 자주 생명을 위협할 만큼 매우 심각한 건강상의 문제를 안고 사는 딸과 함께 사는 51세 엄마 아네트가 최근에 내게 보내온 이메일이다. 그녀는 딸이 만족할 만한 건강복지 서비스를 제공받게 하고 싶어 했는데, 복지센터에 민원을 넣기 위한 자신감과 자기주장 능력을 키우려고 나를 찾아왔었다. 그녀는 공황발작뿐만 아니라 사람들과 교류해야 하는 장소에 나가는 것조차 무척 두려워했다.

하지만 지금 그녀는 공황발작을 잘 관리하고 있을 뿐만 아니라 내가 만났던 사람 중 건강복지 서비스를 가장 잘 활용하는 유능한 사람이 되었다. 그럼에도 불구하고 그녀는 제한된 생활방식 때문에 자신의 욕구를 충족할 방법을 찾는 데 어려움을 겪었다.

그녀와 상담하는 동안 아네트는 어린 시절에 창의적인 글쓰기에 재능이 있었다는 사실을 알게 되었다. 하지만 작가가 되고 싶었던 그녀의 꿈은 생계를 유지하고 가족을 부양해야 한다는 필요 때문에 성인이 된 이후 잊고 살아야 했다. 우리는 그녀의 재능을 살리는 실현 가능한 활동은 창의적인 글쓰기 그룹에 가입하는 것이라는 결론을 얻었다. 그녀가 보낸 이메일에서 알 수 있듯이 이 그룹 활동은 그녀에게 매우 보람 있는 일임이 증명되었다. 가장 최근 메일에서 그녀가 드디어 자신의 글을 완성했고, 자신의 작품을 출간할 출판사를 찾았다는 소식을 전했다!

자신의 자발성과 창의성을 자극하기 위해 아네트는 이제 레드햇 소사이어티(Red Hat Society)라는 또 다른 그룹에도 참여하고 있다. 이 그룹은 전 세계에서 활동하는 중년 이상의 여성들을 위한 모임이다. 그들은 사회적 상호교류는 물론 재미, 유치함, 창의력 및 우정 등을 장려하는 것을 목표로 한다. 회원들은 행사 때마다 빨간 모자와 보라색 의상을 입어야 한다.

힘든 시기에는 때때로 창의적인 사고가 필요하다. 이는 과거에 행동하고 성취했던 방식이 더는 가능하지 않거나 적절하지 않을 수 있기 때문이다. 아이러니하지만 심하게 스트레스를 받으면 그 옆에 있는 사고 근육이 사실상 작동하지 않는다. 따라서 머릿속에서 새로운 아이디어가 갑자기 툭 튀어나올 수 있게 하려면 우

선 긴장을 풀고 스트레스를 줄여야 한다. 개를 산책시
키거나 욕조에 누워있거나 잠이 덜 깬 채로 침대에 누
워있을 때 예고 없이 떠오르는 훌륭한 아이디어가 얼마
나 많은가? 그러나 이런 일이 일어날 때까지 기다리기
보다는 자발적으로 창의성을 자극하는 행동을 함으로
써 새로운 아이디어를 얻을 수 있다.

많은 예술가가 진지한 작업에 착수하기 전에 수없
이 많은 워밍업을 한다. 화가는 작품을 구상하기 전에
종종 자신의 머리에 떠오르는 대로 낙서를 하거나 스케
치를 한다. 할리우드 작가들은 레고 블록을 던져서 그
블록을 뽑은 작가는 다음 편 드라마 집필을 쉽게 한다.
우리가 드라마 테라피 시간에 자발적인 반응이 필요
한 재미있는 게임을 하는 것도 같은 원리다. 내가 아는
사람들은 적어도 한 가지 이상 창의적인 활동을 하고
있다.

창의적인 활동 목록 만들기

List
Up

지금 당장 자신만의 창의적 활동을 시작하자. 그것이 아네트의 사례처럼 어린 시절 해보고 싶었던 것이거나 잘했던 것이라면 훨씬 더 사기를 북돋울 수 있을 것이다.

- 피아노로 즉흥연주 하기
- 재즈에 맞춰 춤추기
- 색칠공부를 하거나 낙서하기
- 새로운 종류의 음식 만들기

내가 마흔 살이 됐을 때
남편은 인정사정 봐주지 않고 나를 떠났다.
나는 그가 나를 마치 도어매트처럼
밟고 떠나는 듯한 느낌을 받았다.
남편은 내게 비서직이라도 구해보라고 제안했다.
그 대신 나는 카메라를 샀다.

- 페이 굿윈(Fay Godwin), 사진작가

Note

Chapter 6

뇌 활성화시키기

힘든 시기에는 뇌 영역에 부정적인 영향을 줄 수 있다. 정신이 혼란스럽고 논리적으로 생각할 수 없다는 느낌을 받기도 한다. 그래서 사람을 지치게 할 만큼 빠른 속도로 줄기차게 팽팽 돌아가는 아이디어 회의나 걱정으로 머릿속이 가득 차있는 상태거나 생각이 가장 필요한 순간 머릿속이 텅텅 비어버리는 것 같은 상태가 될 수도 있다. 또 심각한 외상이나 장기간 지속된 스트레스는 뇌에 악영향을 미쳐 기억력과 집중력을 감퇴시키기도 한다.

이 장에서 알려줄 수많은 팁은 마음을 더 단호하게 통제하고 최적의 활력 모드로 여러분을 이끌어줘 생활하는 데 많은 도움이 될 것이다. 또한 급작스러운 변화를 겪을 때나 정신을 바짝 차려야 할 때 매우 중요한 팁이 되어줄 것이다.

힘든 시기를
이겨내기 위한
정신 근육
강화하기

나는 내 상황을 자아 탐구 여행 중이라고 생각하려 했다.

– 테리 웨이트(Terry Waite), 베이루트에 감금되었던 영국 포로

이 책을 읽는 사람 중에는 테리 웨이트처럼 심각한 난관에 처해있는 사람이 없기를 바란다. 하지만 살아가면서 한동안 자기 자신을 주저앉힐 수밖에 없게 만드는 문제는 수없이 많다.

- 누군가와 사별한 후 유언장 내용이 최종적으로 정리될 때까지 몇 달이 걸릴 수 있다.
- 병에 걸리면 검사 결과가 나올 때까지 또는 다양한 치료를 시도하는 동안 아무것도 하지 못할 것이다. 혹은 회복 기간이 연장될 수도 있다.
- 신용불량으로 인해 경제적 위기에 처해있거나 재정적 흐름이 좋지 않을 때, 달리 어찌할 방법이 없어 손 놓고 가만히 있을 수밖에 없다.
- 별거나 이혼 후 재정적 문제나 접근 권한 문제가 정리될 때까지 오랜 시간이 걸릴 수 있다.
- 십대의 부모들은 인내심을 갖고 그들의 질풍노도의 시기가 지나고 확고한 정체성이 확립될 때까지 그냥 묵묵히 곁에서 지켜보아야만 한다.
- 정리해고를 당한 후 적당한 일자리가 생기기 전까지 오랜 기간이 걸릴 수도 있고, 취업 면접 연락이 올 경우를 대비해 항상 시간을 비워둬야 하기 때문에 일상생활에 많은 영향을 주기도 하다.
- 법적 소송 절차를 밟고 있다면, 자신에게 언제 출석 통지를 할지 몰라 다른 것에 신경 쓸 겨를이 없다.

● 전쟁 지역에 살고 있다면 평화를 되찾기 전까지 자유롭게 이동하기
가 어려울 수 있다. 특히 이런 시기에는 개인적인 무력감에 잠길 수
있는데, 실제로 우울증에 빠지거나 일종의 무감각함이나 심지어 좀
비가 된 듯한 정신 상태에 놓일 위험이 크다. 이는 커다란 위기거나
그 위기에서 벗어나기 위해 엄청난 투쟁 활동이 필요한 경우 특히 더
그러하다.

　　이럴 때 긍정적인 상태를 유지하고 머릿속을 맑게
유지하는 방법 중 하나는 이 시기를 개인적인 배움과
발전의 기회로 삼으라는 것이다. 아직 익숙하지 않고
자신에게 동기부여가 되는 것을 선택할수록 더 많은 혜
택을 얻을 수 있다는 점을 명심하자.

정신 근육 강화법

다른 사람들의 정신 근육 강화법을 참고해서 나만의 정신 근육 강화법 리스트를 작성해보자.

- 뇌 훈련에 필요한 도구를 사거나 빌리자. 신경과학자들과의 협업을 통해 제작된 낱말풀이집이나 숫자 게임판은 사고력과 기억력 자극에 도움이 된다.
- 퍼즐 덕후가 되자. 웬만한 퍼즐은 중고품 가게에서 아주 싸게 구할 수 있다. 아니면 이웃에게 안 쓰는 퍼즐이 있는지 물어보자. 평소에 하지 않던 것이라면 직소 퍼즐이든 가로세로 낱말풀이든 스도쿠든 루빅큐브든 단어 찾기든 어떤 것이든 좋다. 우리 딸이 크리스마스 선물로 사준 스도쿠 덕분에 남편의 단기 기억이 놀라우리만치 향상되었다.
- 술집이나 교회, 퀴즈의 밤 행사 등에 참석해 여러 사람과 어울리자. 더 좋은 방법은 동호회에 가입하는 것이다!
- 새로운 언어를 배우고 실생활에서 연습할 기회를 찾아보자.
- 아이들에게 동화책만 읽어주지 말고 새로운 동화를 직접 만들어 이야기해주자.
- 스스로를 돕는 방법에 관한 책을 읽고 그 책에서 추천하는 일들을 해보자.

● 요리교실에 등록해서 무엇이든 만들어보자.

● 단순 정보 습득을 위해서가 아니라 스스로 생각할 기회를 만들어주는 교양 강좌를 듣자.

● 새로운 컴퓨터 프로그래밍 언어나 자신에게 필요한 시설 이용 방법을 배워보자. 하지만 완전히 습득하겠다는 생각으로 무리하지는 말자.

● 집에서 유용하게 사용할 수 있는 기술을 배우자. 내가 진행 중인 목록에는 선반 설치하기, 장미 가지치기, 타일을 뜯어서 누수 수리하기 등이 있다. 이런 일들을 배우기 위해서는 친구와 이웃을 선생님으로 삼고 보답으로 그들에게 뭔가를 제공하는 것도 좋은 방법이다.

Note

낮잠 자기

신경과학자들에 따르면 낮잠은 뇌의 기억 관련 기능을 활성화시켜주는 효과가 있다고 한다. 우리가 꾸벅꾸벅 조는 동안에도 우리의 뇌는 매우 중요한 정리 작업을 한다는 것이다. 이는 뒤엉킨 개별 세부사항들에 대해 개념적인 연결고리를 만들어내서 우리가 훨씬 더 빨리 기억을 되살리고 더 폭넓게 학습할 수 있게 지원해준다.

또 다른 연구를 통해 낮잠과 뇌의 활성화 물질로 잘 알려진 카페인을 놓고 그 긍정적 효과를 비교해보았다. 과연 누가 이겼을지 예상해보자.

낮잠은 어디서든 잘 수 있다. 어떤 사람은 줄을 서서 기다리다가 선 채로 자기도 한다. 하지만 대부분은 낮잠을 자기 위해 의자에 앉거나 평평한 곳에 누워야 한다. 낮잠 자기에 최적의 시간은 보통 10~15분 정도다. 한 연구에 따르면 30분 이상 자면 깊은 수면에 빠져들기 때문에 개운해지기보다는 피로감만 높아진다고 한다.

의사결정 능력
향상시키기

결정을 내리는 능력보다 더 어려운 일은 없고,
그래서 더 소중한 일도 없다.

– 나폴레옹 보나파르트(Napoleon Bonaparte), 프랑스 군대 지휘자 겸 황제

힘든 시기에는 종종 다음과 같은 어려운 결정에 직면하게 된다.

- 이제 어디에서 살지?
- 이제 어떻게 생활비를 벌지?
- 이혼해야 하나 말아야 하나?
- 다른 직업을 찾기 위해 교육을 받아야 하나 말아야 하나?
- 이 위험한 작전을 수행해야 하나 말아야 하나?
- 경찰에 연락해야 하나 말아야 하나?

이런 진행형 딜레마가 가져다주는 연쇄반응 중 하나는 "차 또는 커피?"나 "뭘 입어야 하지?"와 같은 일상에서의 소소한 선택조차도 스트레스를 받기 시작한다는 것이다. 이럴 때는 마치 뇌의 의사결정 능력이 마비되어버린 것 같은데 이런 상태가 발생하기 시작했다면, 우선 이와 같은 상태는 지극히 정상이며 이해할 수 있는 수준이라는 사실을 인정하는 것이 좋다. 그리고 사소한 의사결정은 직접 결정할 수 있을 때까지 미뤄두자. 더 중요한 결정을 위해 에너지를 비축해두어야 하기 때문이다.

의사결정을 내리기 위한
10단계 전략

자신이 의사결정을 내려야 할 중요한 문제를 한 가지 선택해서 다음의 10단계 전략을 적용해보자. 이렇게 하면 뇌에 있는 중추신경계를 자극할 수 있으며, 명확한 사고를 하지 못하게 뇌를 지배하고 있는 감정 상태에서도 벗어날 수 있다.

1. 결정을 내릴 날짜와 시간을 정해둔다.
2. 정보를 모은다. 연구 결과를 검토하거나 사실 위주로 직접 써보고 해당 정보와 경험, 의견을 가지고 다른 사람들과 의논한다.
3. 의사결정 변수 목록을 만들어서 자신의 선택과 관련 있는 핵심 요소에 표시해보자. 자신의 의사결정과 관계 깊은 변수들을 선택하는 것이 중요하다. 목록 개수는 의사결정의 복잡성에 따라 달라질 수 있다.

다음 예시는 직업 선택에 관한 핵심적인 의사결정 변수를 쓰고 그것들에 우선순위를 매겨본 것이다. 여기서는 6점이 가장 중요한 변수다.

의사결정 변수	우선순위
재정적 압박을 최소화함	4
실행하기 쉬움	1
위험성이 낮음	3
동기부여가 됨	6
가족과의 트러블이 없음	5
윤리적으로 문제없음	2

4. 아래와 같은 표를 사용해 자신의 선택은 세로 열에 쓰고, 의사결
정 요인은 가로 열에 쓴다. 그리고 각 의사결정 요인을 1~3점으
로 평가한다. 여기서는 1점이 성취할 가능성이 가장 낮은 것이다.

〈표 A〉

선택 사항	의사결정 요인					
	재정적 압박을 최소화함	실행하기 쉬움	위험성이 낮음	동기 부여가 됨	가족과의 트러블이 없음	윤리적 으로 문제없음
지루한 일을 계속해야 한다 – 좋지 않은 전망/급여	2	3	2	1	3	1
새로운 일자리를 찾는다 – 더 나은 전망/급여(이사해야 함)	3	2	3	3	2	3
직장을 그만두고 자영업자가 된다	1	1	1	2	1	2

5. 이제 잠시 휴지기를 갖자. 해당 주제에 관한 생각을 떨치고 가급적이면 편안하게 다른 무언가를 해보자. 가능하다면 하룻밤 자고 일어나서 다시 생각하는 것도 좋은 방법이다.

6. 앞에서 만들어둔 표를 다시 한번 검토하자. 필요하다면 점수를 바꾸어도 좋다. 자신이 매겼던 점수에 만족한다면 이제 모든 3점짜리에 자신이 처음에 작성했던 의사결정 변수 중 우선순위에 해당하는 점수를 각각 곱해준다. 그러고 나서 각 점수를 모두 더한다. 그러면 새로운 표는 다음과 같아질 것이다.

〈표 B〉

선택 사항	의사결정 요인						
	재정적 압박을 최소화함	실행하기 쉬움	위험성이 낮음	동기 부여가 됨	가족과의 트러블이 없음	윤리적으로 문제없음	합계
지루한 일을 계속해야 한다 – 좋지 않은 전망/급여	2	3×1=3	2	1	3×5=15	1	18
새로운 일자리를 찾는다 – 더 나은 전망/급여(이사해야 함)	3×4=12	2	3×3=9	3×6=18	2	3×2=6	45
직장을 그만두고 자영업자가 된다	1	1	1	2	1	2	0

7. 합계 열에 있는 점수를 비교한 후 가장 높은 숫자를 얻은 항목으로 결정하면 된다. 만약 동점인 항목이 있다면 같은 방법으로 2점짜리 항목들만 다시 한번 곱해서 비교한다. 하지만 이런 상황이라면 선택지들 사이에서 고를 만한 것이 거의 없을 수도 있다. 그러므로 각 선택지에서 가장 중요한 의사결정 요소들과 관련된 장단점을 더 심각하게 고려할 필요가 있다는 점을 명심하자.

8. 최종 결정사항을 직접 써보자. 대부분의 사람은 직접 쓴 해결책에 대해 약속을 더 잘 지키는 경향이 있기 때문이다.

9. 이 결정을 누군가와 공유한다. 그는 어느 정도 시간이 지난 뒤 당신이 자신의 결정을 실행했는지 여부를 물어봐 줄 수 있는 사람이어야 한다.

10. 가능한 한 빨리 자신의 결정을 실행에 옮긴다. 결정한 사항 중단 한 가지라도 즉시 실행하자. 이는 자신과의 약속을 더 확고히 하는 데 도움이 되는 동시에 사기 진작에도 크게 도움을 준다.

자신이 할 수 있는 가장 최악의 일은 결정을 강요당하거나
자신을 위한 결정을 내려야 할 때까지 기다리는 것이다.
– 존 S. 해먼드(John S. Hammond), 의사결정 전문가 겸 작가

의사결정 변수 목록

의사결정 변수	우선순위

〈표 A〉

선택 사항	의사결정 요인				

〈표 B〉

선택 사항	의사결정 요인					
						합계

최종 결정사항

적과 토론하라

내 인생을 통틀어 내게 동의하는 사람으로부터
무언가를 배운 적이 없다.

– 더들리 필드 말론(Dudley Field Malone), 인권변호사

자신과 반대되는 의견이 대세인 웹사이트에 로그인하자.
예를 들면, 평소에 구독하지 않던 신문 사이트나 자신이
원하지 않는 법 개정을 지지하는 그룹의 사이트나 좋아
하지 않는 가수의 팬클럽 등에 가입하는 것이다. 게시판
의 글 중 하나를 열고 몇몇 댓글에 응대해보자. 하지만 그
냥 불만만 늘어놓아서는 안 되고 합리적으로 반론해야
한다. 이는 당신의 뇌세포를 활성화시켜줄 것이다!

긍정의 힘으로
난관 극복하기

불만족은 발전의 첫 번째 필수요소다.

– 토머스 에디슨(Thomas Edison), 과학자 겸 발명가

미국의 위대한 발명가 토머스 에디슨의 이야기는 긍정
의 힘으로 어려움을 극복한 가장 훌륭한 사례다. 그의
이야기는 힘겨운 시기를 살아가면서 어렵게나마 교훈
을 깨우쳐가는 과정을 잘 보여준다.

일곱 자녀 중 막내였던 토머스는 유아기 초기에
심각한 불만족 시기를 겪었다. 그는 네 살이 될 때까지
말을 배우지 않았는데, 그렇게 호기심 많고 하고 싶은
것이 많은 아이였던 에디슨에게는 틀림없이 고문이나
다름없었을 것이다. 이후 토머스는 그의 이상 행동과
학습 부족을 이유로 교사들로부터 미움을 사 결국 학교
를 떠나라는 요청을 받았다. 주어진 과제가 있어도 토
머스는 자꾸 딴생각만 했던 것이다. 우리는 그의 학습
태도에 대한 정보를 토대로 그에게 일종의 주의력결핍
장애(attention deficit disorder)가 있지 않았을까 추측할
따름이다. 아니면 그의 뛰어난 사고력과 창의적인 생각
을 충족할 수 없었던 교육 환경에서 재능 있는 아이가
되려고 했던 게 문제였을 수도 있다.

토머스의 뇌 구조만으로는 그에게 주어진 난관이
부족했는지 그는 청각 장애도 앓았다. 이는 어린 시절

부터 시작된 듯 보이며, 성인이 되면서 더 악화됐다. 이 특수한 어려움으로 인한 좌절감이 그가 축음기 개발에 관심을 쏟게 된 데 어느 정도 영향을 미쳤을 거라는 점은 의심할 여지가 없다.

십대 초반 그는 수입을 보충하기 위해 기차에서 과자와 신문을 팔기도 했다. 다시 말하자면 돈을 벌어야 한다는 강박으로 인해 긍정적인 결과가 나온 것이다. 이런 자세를 바탕으로 그는 당대 최고의 사업가 중 한 사람이 되었다. 그러나 그가 세상을 아주 극적으로 변화시킬 전기·기술 혁명의 아버지가 되는 데 가장 크게 영향을 미친 것은 불가능해 보이는 상황에 직면해서도 긍정적인 집요함을 잃지 않았던 그의 발전적인 성격 때문이었다. 그가 가장 처음 전구를 만들어냈을 때는 이미 그가 이 놀라운 발명품을 상업적으로 실용화하기 위해 50년간이나 끈질기게 노력을 기울인 후였다.

그러므로 거듭되는 난관으로 좌절하는 동안에도 긍정적인 무언가를 찾을 수 있다고 믿기 어려운 사람이라면 이 에디슨 이야기와 그의 유명한 명언을 꼭 떠올리기를 바란다.

나는 실패한 적이 없다.
그저 제대로 작동하지 않는
만 가지 방법을 찾아냈을 뿐이다.

Part Four : Social Life

타인과의 올바른 관계 형성하기

......

힘이 되는 관계 만들기

당당하게 맞서라! 그리고 인정하라!

Chapter 7

힘이 되는
관계 만들기

Making Connections

우리는 친밀한 인간관계를 통해서 위안을 받고, 정서적인 안정과 즐거움을 얻는다. 건강한 인간관계 형성은 개인의 성장과 행복에 큰 영향을 미치므로 다양한 인간관계는 물론 좋은 인간관계를 유지하도록 노력하는 것이 바람직하다. 가족과 친구, 동료들은 어려움이 닥쳤을 때 서로에게 위로가 되고 외로움에 지쳤을 때 의지하게 되는 휴식 같은 존재가 되어준다.

이 장에서 연습하는 사항들은 자신의 사회적 관계를 살펴보고 그 강점과 약점을 파악하는 데 도움을 줄 것이다. 또한 이러한 연습을 통해 새로운 연결고리를 만드는 데 필요한 도구를 제공해줄 것이며, 그 과정에서 자신을 지지해주는 사람과의 관계 범위를 강화할 수 있을 것이다.

유머는
절망의 시간을
치료해주는
특효약

내가 할 수 있는 일은 그리 많지 않다.
하지만 나는 당신과 함께 한 시간을 보낼 수 있고,
우리가 그 시간을 함께하는 동안
재미난 농담을 공유할 수 있다.

– 모드 V. 프레스톤(Maude V. Preston), 작가

아무리 긍정적인 생각을 유지하려고 노력하더라도 때때로 절망의 시간이 우리를 찾아오곤 한다. 하지만 이미 절망의 시간이 찾아왔더라도 종종 유머는 절망스러움에서 빠져나오는 데 도움을 준다. 웃음은 긴장을 풀어주며, 여러 사람이 모여 함께 웃으면 웃음이 전염돼 서로에게 큰 힘이 되어준다.

19살밖에 안 된 딸 로라가 죽고 난 뒤 몇 주 동안 나는 완전히 절망에 빠져있었다. 그러던 어느 날 오후, 로라와 친했던 친구들과 남자친구가 찾아왔을 때도 나는 그런 감정에서 헤어나오지 못하고 있었다. 우리 딸과 마찬가지로 그들 역시 십대 후반의 아이들이었다. 그중 그 누구도 이전까지 이와 같은 상실감과 충격에 직면했던 적이 단 한 번도 없었다. 그들이 사랑했던, 그들 표현대로 이른바 그들 집단의 '주동자'였던 누군가를 잃었을 뿐만 아니라, 그 아이들도 삶의 허망함을 경험하고 있는 중이었다.

그들은 감정적으로 격동된 상태였고 아직은 어렸기 때문에 이 상황에서 무엇이 옳고 그른지에 대해 별로 신경 쓰지 않고 매우 자의적으로 행동했다. 그들은 울면서 나와 친구들을 서로 안아주었지만, 곧 자리에 앉아서 로라와 함께했던 즐거웠던 시간들, 그리고 특히 그녀의 유머러스했던 말과 행동을 흉내 내며 그녀와의 추억을 회상했다. 나는 물론 그 자리에 있었던 모든 사람이 로라와의 특별하고 재미있었던 일화를 이야기하며 크게 웃음을 터뜨렸다.

이런 일이 있기 전에 만약 누군가 내게 딸이 죽은 직후에 그런 대화의 시간에 참여하는 게 좋을 것 같다고 권했다면, 나는 그건 불가능한 일이라고 말했을 것이다. 하지만 이제 나는 죽은 사람을 생각하며 웃음을 나누는 일이 이렇게 극심한 슬픔의 상태에서도 슬픔을 함께 치유하고 긍정적으로 결속시키는 힘이 있다는 사실을 받아들일 수 있다. 또한 그런 일이 충분히 일어날 수 있다는 믿음을 간직한 채 살게 되었다.

이 주제에 관해 꾸준히 연구해온 심리학자들은 농담은 나쁜 상황에 처했을 때 심리적 측면에서 반드시 필요한 행위며, 이는 심각한 재난과 끔찍한 전쟁 상황에서도 마찬가지라고 보고한 바 있다. 독방에 갇혔던 베트남전쟁 포로들은 벽을 통해 서로 농담을 주고받았

다고 한다. 브라이언 키넌과 존 매카시 같은 인질들은
그들이 공유했던 유머 감각이 서로의 출신 배경과 성격
차이에도 불구하고 결속력을 다지는 데 도움이 되었다
고 말한다. 심리학자들은 유머가 스트레스를 해소시켜
줄 뿐만 아니라, 기운을 북돋아 주고 진정효과가 있기
때문에 심리적으로 허약해져 있는 사람들에게 도움이
된다는 것이다.

특정 질환이나 허약함 때문에 문제가 발생한 것이
라면 웃음은 체내 산소 이동을 활발하게 해주므로 특히
더 필요하다. 웃음은 엔도르핀(endorphin)과 엔케팔린
(encephalin)을 더 많이 생성해내는데, 이들 물질은 기
분을 좋게 하고 고통을 억제하는 역할을 한다. 또한 웃
음은 이뮤노글로빈(immunoglobin)이란 단백질을 생성
해 세균을 죽이고 감염인자와 싸우는 백혈구 생성을 촉
진한다. 더 크게 자주 웃을수록 더 많은 산소가 체내에
서 원활하게 순환해 더 많은 유독성 이산화탄소를 배출
시킬 수 있다.

웃을 수 있는 환경 만들기

웃고 싶은 생각이 전혀 들지 않더라도 다음과 같이 유머
러스한 상황을 많이 접함으로써 더 많이 웃을 수 있도록
노력하자.

- 코미디 프로나 코미디 영화 시청하기
- 유머가 넘치는 친구들과 즐거운 밤 보내기
- 만화책이나 유머 모음집, 만담집 등에 푹 빠지기

가끔은 불평불만을 털어놓자

적절한 불평불만은 자신의 감정을 표현하는 꽤 좋은 방법 중 하나다. 많은 심리학자가 불평불만을 털어놓는 행위가 심신 안정을 위해 매우 중요한 역할을 한다고 보았다. 슬픔에 빠진 사람들에게 눈물과 탄식의 기회를 제공함으로써 치유 효과를 발휘하기 때문이다.

불평불만을 쏟아놓을 대상은 반드시 긍정적인 사람이면서도 자신의 마음을 있는 그대로 받아줄 수 있는 사람이어야 한다. 기분이 더 나빠지게 할 것이 확실한, 불만을 입에 달고 다니는 사람은 되도록 피하는 것이 좋다. 그런 사람은 자기가 가진 더 큰 문제들을 나열해서 정작 내 불만은 묻히게 만들고 말기 때문이다.

하지만 투덜이가 되지는 말자. 불평불만의 목적이 무엇인지 생각해보고 대상을 명확하게 상정한 후 털어놓는 불평불만은 심신의 질병을 막아줄 일종의 방패 역할을 해줄 것이다.

서로
힘이 되어주는
우정의
공백 채우기

인생을 살아가면서 새로운 지인을 만들지 않는 사람은
머지않아 자신이 혼자임을 깨닫게 될 것이다.
따라서 사람은 지속적으로
자신의 친구 관계를 고쳐나가야 한다.

– 새뮤얼 존슨(Samuel Johnson), 시인이자 비평가

지금 당장 밖에 나가서 새로운 친구를 찾을 여력이나 시간이 없다고 생각하는 사람도 있을 것이다. 하지만 자신의 친구 관계의 공백을 명확하게 파악하고 그 공백을 서로 힘이 될 사람으로 채우는 일은 앞으로 살아갈 인생에 있어 매우 중요하다.

새로운 우정을 꾸준히 발전시켜나간다면 여러분들의 인생에 놀라우리만치 긍정적인 효과를 가져다줄 것이다. 물론 다른 모든 법칙과 마찬가지로 여기에도 예외가 존재한다. 때때로 우리는 첫 단계부터 마치 마우스를 광클릭 하는 속도만큼 곧바로 깊은 관계로 발전하기도 한다. 하지만 일반적으로 우정을 쌓는 과정은 안전하게 천천히 진행하는 것이 현명하다. 특히 자신이 스트레스를 받아 취약한 상태라면 특히 더 그렇다.

우정의 공백 채우기

친밀한 관계를 형성하는 데 있어 다음 단계들을 지침처럼 활용하자. 반드시 이전 단계를 잘 끝마친 뒤에 그다음 단계로 넘어가야 한다. 그렇게 하지 않으면 자신에게 필요한 성향을 지닌 친구를 만들지 못할 공산이 크다. 그리고 기대치와 습관, 감정적 연결 관계가 확고하게 맺어지기 전 초기 단계에서 관계를 정리하기가 더 쉽기 때문이다.

1단계

서로 친밀해질 수 있도록 아주 일반적이고 편한 소소한 대화를 나눌 기회를 늘리자.

2단계

상대의 태도나 신념, 특히 문제가 되는 상황에서 자신의 소신 등을 밝힐 수 있는 대화나 질문으로 주제를 넓히자.

3단계

관심을 불러일으키거나 공유할 필요가 있는 것을 함께 함으로써 서로의 연결 관계를 강화할 방법을 제안하자. 예를 들어, 함께 영화를 보러 가거나 스포츠 경기를 관람함으로써 관람 후 공유한 내용을 화제로 삼을 수 있다. 혹은 서로 다른 나라 사람이고 음식과 요리에 관심이 있다면 각자 자기 나라의 전통 음식을 준비해 가지고 와 파티를 하는 것도 좋은 방법이다.

4단계

자신을 좀 더 드러내자. 하지만 이 단계는 상대방에게 개인적인 질문을 하기 전에 해야 한다는 점에 유의하자. 좋아하거나 싫어하는 것, 꿈과 희망에 관해 공유해보자.

5단계

상대방에게서 우정을 공유하려는 의지가 보인다면, 서로의 꿈과 희망, 그리고 그것들을 달성하는 데 문제가 되는 점들에 관해 좀 더 허심탄회하게 이야기하자. 하지만 상대가 주저하는 기색을 보이는지 예민하게 관찰하자. 각자가 서로 자신을 드러내지 않더라도 훌륭한 친구 관계를 형성할 수 있다. 친구 관계에 있어서 그보다 더 중요한 것은 각자가 서로를 얼마나 필요로 하고 있는지와 얼마나 사적 영역을 존중하느냐다.

6단계

상대방을 도울 방법을 찾자. 가령 우정을 나누고 싶은 사람에게 유용한 연락처를 제공하거나, 웹사이트에서 찾은 몇몇 정보를 건네 도움을 주자. 그와 비슷한 대안으로는 그에게 실질적으로 무언가를 해주겠다고 제안해보는 것도 좋다. 단, 아무런 조건 없이 도와야 한다.

7단계

자신이 처한 어려운 상황에 관해 더 많이 공유하자. 그것은 자신에게 그들이 필요하다는 것을 드러내는 일이 될지도 모른다. 그들과의 인간관계가 순조롭게 잘 형성되고 있다면 새로운 친구는 어떤 형태로든 도움을 제공하려 할 것이다. 그들이 돕겠다고 나설 때는 그것이 무엇이 됐든 받아들여야 한다. 도움을 상호교환하는 것은 인간관계를 진전시키는 최고의 방법 중 하나기 때문이다.

친구를 당장 도와줄 수 없다면 당신이 돕지 못해 미안해한다는 사실을 반드시 알려야 한다. 그리고 왜 도울 수 없는지에 대한 이유도 충분히 설명해주어야 한다. 물론 친구 관계를 발전시키기 위해 즉각적으로 도움을 주고받을 필요는 없다. 물론 상대가 도움을 제공할 수 없는 이유를 꼭 알아야 할 필요는 없지만, 언제든지 감정적으로나 실질적으로나 도움을 줄 것이라는 믿음은 있어야 한다.

8단계

다음번에 친구가 도움을 제공하거나 친구에게 도움을 청하고 싶을 때, 자신의 필요에 들어맞는 종류의 도움을 받도록 하자. 이왕이면 자신에게 도움이 되는 친구 관계 중에서 공백으로 남아있는 부분이면 더 좋다. 만약 그들이 제공한 도움이 잘 들어맞지 않거나 그들이 다른 도움을 제공할 것 같으면, 이런 식으로 이야기해보자. "사실 내게는 돌보아야 할 사람이 두 명 있어. 그런데 너는 은행에 다녔던 적이 있잖아. 그에 관해서 조언해줄 수 있을까?"

도움을 주고받을 새로운 친구 찾기

사회적 관계를 넓힐 기회는 대개 다음 세 가지 유형으로 나눌 수 있다.

☐ 기존에 알고 지내던 몇몇 지인과 더 친해질 기회를 만들자. 예를 들어 힘겨운 시기를 견뎌냈고 이를 잘 헤쳐 나온 사람을 찾아보는 것이다.

☐ 인생을 사는 동안 우연히 마주치곤 하는 '유력 용의자'들과 더 적극적으로 대화하자. 항상 편안하게 소소한 대화를 나눌 수 있도록 흥미로운 정보와 뉴스를 주의 깊게 살피는 것도 좋은 방법이다. 예를 들어, 기차여행을 자주 한다면 철도를 이용할 때 흥미로운 비교 통계들을 인터넷으로 검색해 몇 가지 이야기 포인트를 준비하는 것이다. 이런 종류의 정보는 만원 열차를 탔거나 기차 연착으로 인해 기다려야 하는 지루한 시간 동안 함께 여행하는 사람들의 사기진작을 위한 추가 보너스가 될 수 있다. 단, 종교나 정치, 가족사 등과 같이 민감한 주제에 관해서는 질문하지 않도록 주의하자. 그리고 개인적인 논평으로 대화를 유도하는 일은 절대 해서는 안 된다.

☐ 기존 친구나 연락하고 지내는 지인들에게 자신이 찾는 조건에 알맞은 친구를 소개해달라고 부탁하자. 미혼모인 질의 경우는 아주 좋은 사례다. 그녀의 아들 롭은 마약 소지 혐의로 기소된 상태였다. 질에

게는 사촌이 마약 상담사인 친구가 있었는데, 그녀는 마약 상담팀이 업무를 마치고 술집에서 회식하는 자리에 질이 동석할 기회를 만들어주었고, 그곳에서 롭의 재판 과정에 많은 도움을 주었던 한 여성과 친분을 맺을 수 있었다.

자신이 속한
공동체에
더 많은 시간을
투자하라

선량한 사람의 삶에서 최선인 부분은
그의 이름 모를 자그마한 친절한 행위,
기억되지 않는 친절한 행위다.

– 윌리엄 워즈워스(William Wordsworth), 시인

심각한 재난이 지역사회를 휩쓸고 간 후 사람들이 가장 일반적으로 하는 말 중 하나는 어떻게 그렇게 많은 사람이 서로를 돕고 위로하기 위해 모일 수 있었는가다. 나는 지옥과도 같은 시기를 겪고 있는 사람들과 상담을 할 때면 주변에 도움을 줄 만한 사람이 있는지 꼭 물어본다. 하지만 그들은 그런 부탁을 할 만큼 충분히 친한 사람을 생각해내지 못하는 경우가 많다. 내가 주로 일하고 생활하는 곳이 런던이기도 하지만, 이런 현상은 대도시에서만 일어나는 일이 아니다.

나는 살면서 셀 수 없을 만큼 자주 집을 옮겨 다녔다. 그 결과 빠르게 지역사회에 통합되는 방법을 찾는 데 전문가가 되었다. 누군가에게 도움을 주는 자원봉사 단체나 지역사회 프로젝트에 지원하는 것은 지역사회에 가장 빠르고 만족스럽게 흡수되는 방법 중 하나다.

처음 프로젝트에 참여할 기회를 얻거나 도움을 요청받았을 때는 무작정 달려들지 말고 고심해서 계획을 짜야 한다. 지역사회를 돕는다는 측면에서 최대의 효과를 얻기 위해 자신의 사기를 진작해야 하는 동시에 몇 가지 사항을 염두에 둘 필요가 있기 때문이다.

지역사회에 빠르게 통합되는 법

지역사회 자료 수집하기

우선 주변 이웃이나 지역의 리더를 만나 자신이 속한 지역에 대해 기초조사를 한다. 지역신문이나 지역 라디오 방송을 통해 소식을 접하는 것도 좋은 방법이다. 많은 사람이 그린벨트 지역 개발 반대 활동에 참여하고 있다면 독서 모임에 가입하고자 하는 자신의 넘치는 열정을 잠시 미뤄둘 필요가 있다.

지역의 필요와 관심사를 자신의 재능과 일치시키기

당신이 모임을 구성하는 데 재능이 있다면, 주민 협의회를 위한 여행을 제안하거나 자선위원회 또는 유력 단체에 참여하는 것이 좋다. 혹은 글쓰기 재능이 있다면, 뉴스레터를 제작해보자고 제안할 수도 있을 것이다. 운전을 잘한다면, 지역 호스피스를 위한 카풀에 동참하는 것도 좋은 방법이다. 자신의 재능을 발휘할 수 있다면 훨씬 더 만족스럽게 활동할 수 있을 뿐만 아니라 참여하는 단체도 더 많은 이득을 얻을 수 있으니 말이다.

과도한 기여보다는 적은 기여가 낫다

말로는 쉬운 일이다. 과도한 헌신은 내 약점 중 하나니까 말이다!

모든 공동체와 자선 프로젝트는 적은 돈으로 운영되며 늘 누군가의 도움에 목말라 한다. 결정적인 순간에 안 된다고 말하는 건 특히 더 어렵겠지만 이 점만은 기억하자. 자신이 기여할 수 있는 한도를 명확히 하고 참여할 수 있는 범위를 확실하게 지키라는 것이다. 과도한 기여는 분노와 괴로움, 탈진 등으로 이어지기 때문이다. 그중 어느 것도 다른 사람들로부터 더 사랑받거나 사기를 진작시켜주지 않는다.

동료들의 전폭적인 지원 강화하기

동료를 친구로 만드는 것은
절대적인 보너스가 된다.

— 제니퍼 애니스톤(Jennifer Aniston), 배우

신뢰할 수 있는 동료와 최대한 많은 일을 공유하자. 자신의 문제를 시시콜콜 전하는 것이 적절하지 않다고 생각되면, 간단하게 이렇게 이야기할 수도 있다. "개인적인 일이지만, 나는 지금 힘겨운 시간을 보내고 있어"라고만 해도 거의 항상 추가적인 도움을 받을 수 있다.

어려움을 겪고 있다는 사실을 동료에게 알릴 때, 가능하다면 그들에게 도움이 될 만한 유용한 무언가를 제공해주기 위해 노력하자. 예를 들면, 가끔 술이나 점심을 함께

할 때 자신의 문제가 아닌 다른 주제에 관해 이야기하는 것이 도움이 될 것이다. 이는 인간관계의 우정 측면을 강화해주고 도움이 필요할 때 그들이 다른 방법으로 당신을 도와줄 가능성이 더 커지기 때문이다.

지역 네트워크를 위한
장기 프로젝트

울타리는 상대방이 만들고 있는 것이 아니라
내가 만들고 있다.

– 아리스토텔레스(Aristoteles), 고대 철학자

사람들이 일자리를 구하는 방법에 대한 조사는 수백 번도 더 진행되었고, 그 결과는 늘 같다. 주요 조사에서 구직자의 43~89%가 인적 교류를 통해 일자리를 찾았다고 답했다! 인적 교류를 통해 일자리를 찾은 취업자가 다른 경로를 통해 들어온 사람보다 조직 문화에 더 잘 적응하고, 더 높은 수준의 성과를 내고, 더 오래 근무할 가능성이 높다는 사실을 제시한 증거도 있다.

아뇨, 저는 사람들과 교류하지 않아요. 그런 걸 싫어했어요. 저는 그런 부류의 사람이 아닙니다. 어디서부터 시작해야 할지도 모르겠고, 그런 쪽 일에는 정말 서툴러요. 소소한 대화는 제 취향이 아닙니다. 사회적 교류 행사에 가면 저는 구석에서 어떤 우울한 사람에게 붙잡혀있을 그런 사람이거든요.

얼마 전에 해고당한 54세 임원 존은 자신의 퇴직자 면접에서 이렇게 말했다. 그의 태도는 그리 비상식적인 것이 아니다. 경력 전환 사업에 종사하는 나의 남

편 스튜어트는 인적 교류가 도움이 될 것이라고 제안할 때마다 이런 식의 반응을 접한다고 한다. 나 역시 사람들이 개인적인 좌절에서 벗어날 수 있도록 도우려 할 때 그들의 반응 역시 비슷하다. 내가 주로 상담하는 사람들은 이혼이나 사별 후 새로운 파트너를 찾기 위해서 사회적으로 교류해야 하거나, 또는 이사를 하거나, 가장 친한 친구와 돌이킬 수 없을 정도로 멀어져서 새로운 친구를 찾아야 하는 상황인데도 그렇다.

많은 사람이 너무 바빠서 인적 네트워크를 만들지 못하거나, 더 많은 연락처가 절실히 필요해질 때까지 이를 우선순위 목록에 넣을 생각조차 하지 않는다. 그러나 대부분의 진짜 이유는 존과 마찬가지로 누군가와 교류하는 것을 두려워하기 때문이다. 이는 문화적으로 수줍음을 많이 타는 영국에서 특별히 더 해당되는 것일 수도 있다. 하지만 표면적으로 훨씬 더 외향적인 듯 보이는 스페인 남부에서도 많은 사람이 같은 문제로 힘들어한다.

비즈니스를 위해서든 일상적인 삶을 누리기 위해서든 바람직한 인적 교류는 서로 신뢰하고 도울 수 있는 사람들이 거미줄처럼 엮여서 상호작용하는 형태여야 한다. 이런 네트워크를 형성하는 것은 장기 프로젝트에 해당한다. 너무 급하게 참여해서 자신이 신뢰할 만하고 도움이 된다는 사실을 입증하기도 전에 이미 확립된 네트워크 내에서 도움을 요청한다면 몇몇 사람에게서 냉담한 반응을 얻을 수도 있다. 그리고 이것이 사람들이 인적 교류에 환멸을 느끼는 가장 흔한 이유 중 하나다.

　사람들이 인적 교류를 포기하는 또 다른 이유는 그 자체를 즐기지 못하기 때문이다. 그 이유에 관해 좀 더 탐구해보면, 그런 자리에 참석하는 데 있어 자신감이 부족하다는 것으로 귀결된다. 그들은 존처럼 인적 교류 행사를 종종 '시간 낭비' 또는 '지루한 일'이라고 말한다. 왜냐하면 그들은 항상 특정 인물에게 붙잡혀있기 때문이다. 이는 인적 교류 요령을 습득함으로써 쉽게 바로잡을 수 있다.

10가지 인적 교류 요령

한번 인적 교류 요령에 대해 배우고 연습하고 나면 누구
나 쉽게 적용할 수 있다. 특정한 성격 유형이라 해서 다르
지 않다. 내성적인 사람과 외향적인 사람은 서로 다른 성
향이지만, 똑같이 성공적으로 시행할 수 있는 요령이다.
사회적인 네트워크 형성과 업무에 필요한 기술은 대체로
동일하기 때문이다. 다음은 즉각적으로 인적 교류 작업을
수행하기 위한 계획서다.

1. 인적 교류를 해야 할 일 목록에 넣는다.
2. 이미 보유하고 있는 인적 네트워크를 검토하고 더 깊이 육성해
   야 할 세 가지 인간관계를 선택한다.
3. 위의 작업을 실행하기 위한 실천 계획을 세운다.
4. 최소 한 달에 한 번 이상 새로운 연결고리를 형성하기 위한 계획
   을 세운다. 이는 이미 만들어진 네트워크에 가입하거나 혹은 직
   장이나 학교 정문, 체육관 등에서 모르는 사람과 대화하는 것이
   될 수도 있다. 개인적으로는 한 달 이내에 대화했던 사람들과 후
   속 모임을 갖거나 전화로 대화하거나 커피를 마시는 것을 목표
   로 삼으라고 제안하는 바이다.

5. 인적 교류 요령이나 조언이 담긴 책을 읽거나 혹은 관련 워크숍 참석을 예약한다.

6. 훌륭한 인적 교류 전문가를 알고 있다면 점심을 사겠다고 제안하고 그 자리에서 몇 가지 조언을 받는다. 그들의 지혜는 많은 시간 투자와 잘못된 인적 교류로 인한 실망감을 덜어줄 것이다.

7. 인적 교류를 하는 동안은 그들에게 도움을 구하지 않겠다고 다짐한다. 그 대신 내가 다른 사람을 알아가고 그들이 나를 알게 하는 데 초점을 맞춘다.

8. 최소 2주에 한 번꼴로 네트워크상에 있는 누군가를 도울 방법을 찾겠다고 다짐한다. 이는 조언을 해주거나 연락처를 전달하는 사소한 것이어도 괜찮다.

9. 자신의 인적 교류 활동과 새로운 연락처에 관해 기록할 수 있는 작은 수첩을 하나 마련해 어디든 가지고 다닌다. 또는 메모하는 작업을 컴퓨터나 휴대폰으로 하는 사람이라면 즉시 '네트워크'라는 파일을 하나 만든다.

10. 자신이 인적 교류를 즐기고 있는지 확인한다. 그렇지 않다면 성공하기 어렵기 때문이다. 그 일이 어렵고 힘들다고 생각된다면 뭔가 제대로 하고 있지 않을 가능성이 크다. 그렇다면 실천 계획과 목표 영역을 조정해야 한다. 몇 가지 기술을 더 연마해야 할 수도 있고 자신의 성격이나 특정한 요구사항에 맞게 자신의 방식이나 교류 대상을 바꿀 필요가 있다. 예를 들어, 파티 행사보다는 일대일 만남이 훨씬 더 즐겁고 만족스러운 방식일 수 있다. 물론 그 반대일 수도 있다!

더 많은 도움을 얻고 싶다면, 인적 네트워크에 관한 마스터클래스를 운영하는 나의 남편 스튜어트 린덴필드(Stuart Lindenfield)와 내가 공동 집필한 《성공적인 경력과 만족을 위한 자신 있는 네트워킹(*Confident Networking for Career Success and Satisfaction*)》을 찾아 읽어보기 바란다. 이 분야에서 가장 흔히 겪는 어려움을 해결할 수 있게 도와주는 자가 도움 지침서다.

특별한
소비를 위한
절약

사람은 자신이 버는 만큼 생계를 유지하지만,
자신이 베푸는 만큼 삶이 완성된다.

– 윈스턴 처칠(Winston Churchill), 전 영국 총리

내가 살고 있는 스페인 지역은 결혼식을 아주 거창하게 치르는 편이다. 아무리 수입이 적은 가족이라 해도 손님을 500명 정도 초대하는 일은 매우 흔한 일이며, 전통적으로 혼주나 하객들 모두 화려한 의상과 푸짐한 선물을 사는 데 비용을 아끼지 않는다.

그러나 심각한 국제 금융위기를 겪었던 2009년 어느 날, 내가 참석했던 한 결혼식은 아주 다른 양상을 보였다. 젊은 부부는 그들의 친구 대다수와 마찬가지로 실직할 가능성이 매우 높다는 사실에 무척이나 불안해했고 그래서 그런지 그들은 일반 결혼식보다 반의반 정도밖에 손님을 초대하지 않았다. 물론 선택된 이들은 호화로운 대접을 받았지만 말이다. 식사가 끝날 무렵, 나는 그 젊은 부부가 한 무리의 친구들로부터 받은 선물을 여는 모습을 보고 감동받았다. 그 선물은 부부의 이름이 새겨진 작은 돼지저금통이었다. 그 저금통에는 이런 문구도 적혀있었다.

이 선물은 이 위기의 시기에 우리가 절약해서 모은 돈이야.
결혼 축하해!

신부는 감동해서 눈물을 흘렸고, 물론 나도 울었다. 그리고 이 글을 쓰면서 다시 한번 울고 있다!

이 책 초안을 썼을 때 나는 주요 내용으로 특별한 저축 계획을 만드는 팁을 염두에 두고 있었다. 주말여행 같은 특별한 보상을 위해 자금을 만들어두라는 내용도 넣을 예정이었다. 힘든 시기에는 그런 사치가 절실히 필요하다는 걸 알고 있더라도 정작 우선시하기는 어렵기 때문이다.

자신에게 주는 특별 선물을 위해 특별 자금을 모으라는 제안은 여전히 유효하다. 하지만 내 젊은 친구 부부의 결혼 선물은 놀라우리만치 멋진 또 다른 사례다. 누군가에게 예상치 못할 선물이 될 만큼 돈을 모으는 것은 주는 사람에게나 받는 사람에게나 큰 기쁨을 줄 수 있기 때문이다.

환경친화적이 되자

환경친화적이 되면 많은 돈을 절약할 수 있을 뿐만 아니라 지구에도 도움이 된다. 그러니 양심의 가책도 덜고 예산의 부담도 더는 이 좋은 방법을 택하지 않을 이유가 없지 않은가! 또 기분이 확실히 좋아진다!

'지구의 친구들' 사이트(http://friendsoftheearth.uk)에 로그인하면 쉽고 빠르게 환경친화적인 될 수 있는 많은 방법을 알려줄 것이다. 또 이 사이트에 가입하면 매일 한 가지씩 유용한 팁을 이메일이나 문자로 보내준다.

Note

Chapter 8

당당하게 맞서라!
그리고 인정하라!

Stand Up and Own Up

지금까지 우리는 어떻게 자신의 회복을 스스로 방해해왔는지 살펴보았다. 예를 들어 우리 중 대다수가 스트레스받은 몸과 마음을 충분히 돌보지 않거나, 부정적인 생각에 빠져들거나, 우리에게 필요한 도움을 요청해야 할 때 참고 외면해서 그런 현상이 나타난다는 사실을 여러분도 알고 있을 것이다. 하지만 다른 사람들이 우리의 회복 과정을 방해하는 경우도 수없이 많다.

이 장에서 알려주는 팁들은 그런 일을 미연에 방지하는 데 초점을 두고 있다. 또한 이 장에서 알려주는 요령들은 우리가 진이 다하도록 싸우지 않고 자신을 보호할 수 있게 도와줄 것이다. 단호한 행동을 취한다면 분명히 자신감과 사기를 진작시킬 뿐만 아니라 자존감 회복을 방해하는 사람들과의 관계도 개선할 수 있을 것이다. 특히 누군가 자신을 도우려 했는데 적절하지 않은 방법으로 회피해왔다면 더욱더 그렇다.

자신의
권리를
기억하라

권리는 그것을 지킬 용기가 있는 자에게만 주어진다.

– 로저 볼드윈(Roger Baldwin), 인권운동가

어려운 문제에 봉착한 상황에서는 아무리 괜찮은 사람일지라도 비판적이 되고 오만해지며 모든 것을 다 아는 척하고 어려움에 처한 사람을 귀찮게 한다. 어떻게 그렇게 되는지는 나도 놀라울 뿐이다. 그들은 좋은 의도로 참견하지만, 그들의 간섭과 독선적 충고는 전혀 도움이 되지 않는다. 이는 우리가 그들이 제안하는 행동을 취할 준비가 되어있지 않기 때문일 수도 있고, 자신만의 방식으로 문제를 해결하고 싶기 때문일 수도 있다. 물론 그 방식이 제대로 작동하지 않을지도 모르지만 말이다.

내가 매우 아끼는 누군가가 곤경에 처한다면 나 역시도 그런 사람 중 한 명이 될 가능성이 다분하다는 걸 인정한다. 나의 끔찍하게도 권위적인 면이 남을 돌보는 면을 장악해버리기 때문이다. 운 좋게도 우리 가족은 내게 그만 물러서라고 말할 수 있을 만큼 단호한 편이지만, 단호하지 못한 친구들은 불행하게도 내 앞에서 아무 말도 하지 못할 공산이 크다. 몇 가지 슬픈 예외 덕분에 나는 이제 그런 일이 벌어지고 있다는 것을 알아차릴 수 있다. 하지만 항상 그랬던 것은 아니다. 수년

간 개인적인, 그리고 직업적인 역량 개발 훈련을 받기 전까지는 다른 사람의 감정적 단점을 딱 집어서 인간관계에 손상을 주는 이런 행위를 막을 수 없을 만큼 자기인지 감수성이 부족했다.

아마도 이렇게 짜증 나는 상황에 처해본 사람이 많을 것이다. 그렇다면 그들에게 "그만 물러서"라는 메시지를 보내길 바란다. 그렇게 하기가 쉽지 않다면, 우선 그렇게 말하는 것이 자신의 권리라는 신념부터 확고히 할 필요가 있다.

이번 장에서 할 연습들은 잠재된 자신의 권리를 수정할 수 있게 해주는 방법이다. 이런 연습을 한 이후에는 자신을 방해하는 행동에 직면했을 때 한 가지 이상의 권리가 재빨리 자신의 머릿속에 떠오를 것이다. 어떤 사람은 자신의 어깨 위에 수호천사가 걸터앉아서 당당하게 맞서라고 말해주는 듯했다고 한다.

일방적인 호의
거절하기

죄책감 없이 거절할 수 있게 된다면
우리는 인생을 확실히 자신의 것으로 만들 수 있다.

– 앤드류 매튜스(Andrew Matthews),
베스트셀러 작가이자 만화 예술가이며 뛰어난 대중 연설가 누군가가 자신을 화나게 한다면 '말 흐리기'라는 간단하고도 단호한 기술을 사용해서 그들의 호의를 거절하자. 이는 다분히 싸움을 걸 의도가 있는 사람을 상대하기 위한 매우 훌륭한 전술이다. 그러면 그들은 즉시 뒤로 물러설 것이다. 왜냐하면 '말 흐리기'는 상대와 나 사이에 일종의 언어적인 연막을 쳐 상대에게 내가 항복했다는 (실제로는 안 그렇더라도) 느낌을 들게 하기 때문이다. 그들이 원하는 싸움을 해주기보다는 이편이 훨씬 덜 스트레스받을 것이다.

말 흐리기로 연막 치기

다음은 말 흐리기의 한 예시이다.

> **독사** 알다시피 네가 자초한 일이야. 네가 그녀와 결혼했잖아. 그녀
> 는 너랑 잘 안 맞는다고 내가 말했지.
> **말 흐리기** 네가 옳은지도 몰라. 아마도 나는 그녀와 결혼하지 말았
> 어야 했나 봐.

"아마도"와 "~을지도 몰라"와 같은 단어는 연막을 치기 위해 자주 사용하는 말이다. 상처받은 자존심은 마음속 깊은 곳에 잠시 넣어두자. 필요할 때면 언제든지 무너진 자존심을 재부팅 할 수 있다. 지금은 독사가 할 말 잃는 모습을 보면서 만족하자! 이 방법이 정말 효과가 있는지 못 믿겠다면 먼저 친구와 연습해보자.

독사

말 흐리기

기를 꺾는 말에
단호하게
대응하기

우리는 감정적으로 다치거나 아픔을 느끼곤 한다.
이는 다른 사람들이나 그들의 말 때문이 아니라
자신의 태도와 반응 때문이다.

– 맥스웰 마츠(Maxwell Maltz), 자기 돕기 전문가 겸 작가

기를 꺾는 행위는 상대의 개인적 권리를 직접적 또는 간접적으로 존중하지 않는 행동이나 말의 일종이다. 이런 말과 행동은 상대방의 자신감과 동기유발을 차단시키거나 방해할 수 있다. 이런 말과 행동은 그 자리에서 바로 잡아내기 어려울 때가 많다. 하지만 나중에 생각해보면 비록 그런 행동을 한 사람이 친절해 보였더라도 왠지 모를 불편함과 짜증을 유발했다는 것을 느낄 수 있다.

이런 기를 꺾는 행위를 빠르게 인지하고 판단하는 방법을 배우도록 하자. 다음 목록이 많은 도움이 될 것이다.

1. 자신의 권리를 상기하자.
2. 자신의 사례가 불필요하게 정당화되거나 과하게 방어적이 되지 않도록 단호하게 대응하자. 상대의 기를 꺾으려는 사람과 논쟁하는 일은 긍정적인 에너지 낭비다. 하지만 주의할 점은 그런 사람들은 논쟁적 반응을 불러오는 데 능숙하다는 점이다.
3. 만약 추후에라도 자신이 의기소침해졌다는 사실을 깨닫지 못했다면 굳이 기분 상해하지 말자.
4. 상대가 뭐라고 했는지 적고 적절한 답변을 작성해보자. 그리고

그 답변을 큰 소리로 말하는 연습을 하자.

5. 단호하게 말할 줄 아는 친구와 대화하면서 다른 답변을 찾아보고 그들과 역할극을 통해 미리 연습하도록 하자.

다음번에는 자신의 기를 꺾으려는 사람에게 좀 더 확실하고 단호하게 대응할 수 있을 것이다.

기를 꺾는 말의 유형과 대응 요령

다음은 몇 가지 일반적인 방식의 기를 꺾는 말의 유형과
그것에 단호하게 대응하기 위한 제안사항이다. 친구와의
역할극을 통해 연습해보자.

파헤치는 유형

예시 무슨 일이 있었는지 말하고 싶지 않은 거 알아. 그런데 누가
관련됐는지 힌트라도 줄 순 없어?

자신의 권리 사적 영역에 대해 보호받을 권리

단호한 대응 그 일은 비밀로 간직하고 싶어.

속을 살살 긁는 유형

예시 이제 새로운 여자 친구를 찾아볼 때도 되지 않았어?

자신의 권리 자신만의 속도로 무언가를 진행할 권리

단호한 대응 적당한 때가 되면 다른 여자 친구를 사귈 거야.

꼰대 짓 하는 유형

예시 처음 합격한 회사라고 해서 무조건 들어가려 해서는 안 돼. 장
기적인 전망도 고려해야지.

자신의 권리 자신이 스스로 의사결정하고 그 결과를 받아들일 권리

단호한 대응 이 회사에 다니고 싶어. 이게 잘못된 선택일 수도 있지만, 그렇다고 해도 내가 감당할 일이야.

선택에 의문을 품는 유형

예시 그가 그렇게 너를 심하게 속였는데도 그와 함께 있는 것이 정말 현명한 선택이라고 확신해?

자신의 권리 함께 있고 싶은 사람을 선택할 권리

단호한 대응 나는 내가 가장 좋아하는 사람을 선택했어.

원치 않는 조언을 하는 유형

예시 심리상담에 대해 내가 좀 아는데 둘 다 시간 낭비, 돈 낭비였어. 너는 스스로 이 상황을 이겨낼 배짱이 있다고 생각해.

자신의 권리 자신이 선택해 도움받을 권리

단호한 대응 나는 이미 약속을 잡았고 그것으로 됐어.

모욕적인 언사를 하는 유형

예시 너희 나라 사람들은 윗사람한테 너무 공손해. 네 인생을 아버지가 결정하게 해서는 안 돼.

자신의 권리 개인으로서 존중받을 권리

단호한 대응 아버지는 아버지고 나는 나야. 우리나라 출신의 다른 사람들이 어떻게 하는지와는 상관없어.

파헤치는 유형

기를 꺾는 말 :

자신의 권리 :

단호한 대응 :

속을 살살 긁는 유형

기를 꺾는 말 :

자신의 권리 :

단호한 대응 :

꼰대 짓 하는 유형

기를 꺾는 말 :

자신의 권리 :

단호한 대응 :

선택에 의문을 품는 유형

기를 꺾는 말 :

자신의 권리 :

단호한 대응 :

원치 않는 조언을 하는 유형

기를 꺾는 말 :

자신의 권리 :

단호한 대응 :

모욕적인 언사를 하는 유형

기를 꺾는 말 :

자신의 권리 :

단호한 대응 :

'어떻게'를 해결하기 어렵다면
'왜'에 집중하자

터널 끝에서 마주할 상황을 그림으로 표현해보자. 예를 들면 다음과 같은 것들이다.

- 남성과 여성이 서로 손을 맞잡은 모습
- 새집의 정원
- 주요 기업의 로고, 즉 자신의 새로운 일자리
- 우리나라의 지도 위에 앉아있는 평화를 상징하는 비둘기

지금 진행하고 있는 상황이 힘들어질 때마다 이 그림을 보고 희망을 가지자.

최악의
공포와
정면으로
마주하기

오직 미지의 것만이 인간을 두려움에 떨게 한다.
하지만 일단 그 미지의 것과 직면하게 되면,
그 두려움은 아는 것이 된다.

– 앙투안 드 생텍쥐페리(Antoine de Saint Exupery), 작가

공포가 사람이 행동하도록 자극하는 일종의 동기유발 매개체라는 점에는 의심의 여지가 없을 것이다. 따라서 자신의 공포를 제어할 수 있는 한 이를 긍정적으로 사용해서 계속해서 앞으로 나아갈 수 있다. 그리고 그것이 공포가 존재하는 이유임은 거의 확실하다.

다음은 상상력을 동원하여 자신의 최악의 공포를 어두운 그늘에서 끄집어내 정면으로 대처하게 하는 연습이다. 그런 다음에는 마음속의 감정적 반응을 잠재우고 즉시 활용할 수 있는 실용적인 행동이 포함된 건설적인 비상 계획을 준비하는 방법을 연습하자. 이 모두를 다 해낸다면 마음이 편안해지는 동시에 최악의 시나리오를 잊고 긍정적으로 오늘을 살아가며, 낙관적인 방법으로 미래를 향해 나아갈 수 있을 것이다.

최악의 시나리오 상상하기

최악의 공포와 마주하는 것은 더 이상 두려움에 떨지 않기 위한 최선의 방법이다. 다음과 같이 최악의 상황을 시나리오로 만들어 두려움이라는 감정을 몰아내 보자.

1. 마음의 눈으로 자신이 생각하는 최악의 상황을 그림으로 그려보자. 아니면 그 상황을 이야기로 만들어 적어보자. 현재 시제를 사용해서 생생하게 표현할수록 더 효과적이다.

2. 다 만들었다면 자신의 이야기를 마치 방금 일어난 것처럼 큰 소리로 읽어보자. 혼자서 해도 좋고 친구와 함께해도 좋다. 이 창조적인 기술을 어떻게 이용하든 자신의 몸에서 투쟁/도피 공포 반응을 활성화시켜야 한다.

3. 만약 맥박이 빨리 뛰기 시작했다면 54페이지에서 배운 호흡법을 활용해서 맥박을 안정화시키자. 마음챙김 기술로 심장 박동과 정맥 순환 펌프를 시각화해서 정상 비율로 낮추는 방법도 있다.

4. 이제 신체적으로 평온해졌다면 최악의 상황에 효과적으로 대처하고 감정적으로도 회복할 수 있도록 비상 계획을 작성해보자.

5. 자신이 생각한 최악의 상황이 현실이 되지 않도록 자신이 취해야 할 행동들을 적어보자.

   ✓ 나는 더 건강한 음식과 음료를 섭취해야 한다.

✓ 나는 가능한 한 빨리 일자리를 얻기 위해 일주일에 두 번씩 인적 교류에 참여해야 한다.

✓ 나는 돈을 더 잘 관리하기 위해 수입과 지출을 미리 계획해야 한다.

✓ 나는 친한 친구에게 도움을 받기 위해 우리 가족 간의 문제를 공개해야 한다.

✓ 나는 약물 오남용 센터에 가서 우리 아들을 도울 방법에 관해 조언을 구해야 한다.

✓ 나는 우리 어머니가 뇌 운동을 하실 수 있게 알츠하이머병 협회가 추천하는 재활병원에 모시고 가야 한다.

6. 주변에 도움을 청할 사람이 아무도 없어서 두렵다면, 다른 사람들이 도움을 줄 수 있도록 하기 위해 당신이 취할 수 있는 즉각적인 행동을 적어보자.

✓ 유언장을 수정하기 위해 변호사에게 전화한다.

✓ 믿고 맡길만한 지인에게 전화해서 내 공포와 계획에 관해 이야기하고 내 담당 변호사의 연락처를 알려준다.

✓ 비상 자금을 마련한다.

✓ 장례 전문기관에 연락해서 장례비 등을 물어보고 그 금액만큼을 누가 언제든 출금할 수 있게 특별 계좌에 넣어둔다.

7. 해당 주제에 관해서 자신의 관심을 딴 곳으로 돌릴 만한 특별한 선물을 자신에게 주자.

Note

비상 계획에 관한 개요 짜기

최악의 공포와 마주한 상황에서 어떻게 행동하고 대처할
지를 미리 준비하고 계획하는 것은 최악의 상황이 닥쳤
을 때의 불안과 두려운 감정을 잠재우는 가장 효과적인
방법이다. 당신이 생각하는 최악의 공포 상황에 대한 비
상 대책을 짜보자.

- 공포로 인한 결과물 정리하기
- 자신의 삶 중 다음 영역에 미치는 특정한 영향력 목록화하기
  - 개인적인 삶과 집안에서의 삶
  - 업무적인 삶
  - 재정적인 삶
  - 신체적인 건강
  - 감정적인 웰빙
  - 사회적인 삶
- 특정 문제에 대해 자신을 돕거나 지원해달라고 연락할 수 있는
  핵심 인물들의 이름을 적어보자. 만약 그런 사람이 떠오르지 않
  는다면 자신의 부양가족이나 사랑하는 사람을 지원해줄 사람이
  어도 좋다. 즉시 그들의 연락처를 알아두도록 하자.
- 자신이 처한 상황에서 어떻게 대처할지 그리고 그 상황이 자신

이나 다른 사람들의 삶에 어떤 영향을 미칠지 생각해보고 자신이 취해야 할 행동을 적어보자. 자신이나 다른 이들이 할 수 있는 일이 아무것도 생각나지 않는다면 위에 적어둔 도와줄 만한 몇몇 사람에게 전화를 걸어 아이디어를 구하자. 지금까지 인지하지 못했던 해법을 그들은 가지고 있을지도 모르니 말이다.

● 비상 계획 중 시험해볼 수 있는 것은 모두 시험해보자. 예를 들어, 자신이 사는 건물에 화재나 테러 공격이 발생할지도 모른다는 걱정으로 불안하다면 비상 탈출구를 직접 확인하도록 하자. 생존자 연구에 따르면, 이런 부류의 실험은 생존 가능성을 상당히 높여준다고 한다.

● 비상 계획에 관해 정리해둔 내용을 안전한 곳에 보관해두고, 실제로 사용하게 될지도 모른다고 생각되면 지인들에게 어디에 뒀는지 알려주자.

당신이 두려워하는 것에는 아무런 힘이 없다.
그것에 대한 당신의 공포가 그 힘이다.

– 오프라 윈프리(Oprah Winfrey), TV쇼 진행자

이 책을 읽는 동안 자신의 인생이 언제나 쉬운 길로만 이어져 있지 않았다는 사실을 알게 되었을 것이다. 내 삶은 모든 종류의 좌절로부터 공격받아왔고, 앞으로도 그런 좌절들이 아직 더 남아있다는 사실 또한 잘 알고 있다. 내가 지금까지 폭풍우 속에서 살아남았고, 앞으로도 계속 그러리라 생각하는 이유는 이 책에서 설명했던 기술들을 활용한 덕분이다. 이제 이 책의 마지막에 도달했으니 나는 독자 여러분도 자신에게 불어 닥칠 폭풍우를 원천봉쇄하고 이를 잘 살필 준비가 되었다고 느끼기를 바란다.

독자 여러분도 나처럼 '미지의 것'이 조심스럽고 두려울 것이다. 이 책을 다 읽었는데도 불구하고 지금 이 글을 보면서 여전히 미래가 회의적이라고 느낄 수도 있다. 그렇다면 여러분이 지금까지 배운 팁 중 필요하다고 생각되는 것을 곧바로 행동으로 옮기기를 바란다.

그러고 나면 언젠가 미래에 대한 자신감과 세상에 대한 신뢰가 또 한 번 무너졌을 때, 이미 습득한 심리적인 힘을 회복하는 기술이 자동으로 마음속 수면 위로 떠오를 것이다.

가장 중요한 것은 자신의 신체적 또는 물질적 환경을 개선할 수 없을 때도 자신감과 신뢰를 겪는 일이 실제로 일어난다는 점이다. 내게 그런 일이 일어났을 때, 그러니까 우리 딸 로라가 죽었을 때 나는 정말로 그렇게 될 것이라고 생각했다. 그 기간 동안 나는 다음과 같은 중국 속담을 반복해서 되뇌곤 했다.

> 슬픔이라는 새떼가 머리 위로 날아가는 것은 막을 수 없지만,
> 자신의 머리 위에 둥지를 트는 것은 막을 수 있다.

나는 여기서 '슬픔'이란 단어를 강조할 수 있을 만큼의 자유를 얻었다. 왜냐하면 힘든 시기에도 내 기분에 부정적인 영향을 주는 감정(가령 죄책감이나 분노, 질투 같은 것)을 대체할 수 있었고, 그래서 이 속담에 담긴 지혜를 여러 상황에 적용할 수 있다는 사실을 알게 되었기 때문이다.

마지막으로, 일단 자신이 더 강해졌다는 생각이 들면 이제 자신이 배운 새로운 지식과 통찰력을 문제가 되는 상황에서 긍정적인 태도를 유지하는 데 어려움을 겪고 있을지도 모를 누군가에게 알려주도록 하라. 이는 그들에게 위로와 격려가 되어줄 뿐만 아니라 자신의 마음 또한 더욱 강화시켜줄 것이다.

그러니 행운을 빈다. 그리고 이 책 속에 있는 지식으로 무장한 독자 여러분의 회복은 자신이 생각했던 것보다 더 빠르고 즉각적으로 올 것이다.

인생은 폭풍우가 지나가길
기다리는 것이 아니라,
그 빗속에서
춤추는 법을 배우는 것이다.

– 비비안 그린(Vivian Greene), 영국의 저술가

마음 면역력

지은이 | 가엘 린덴필드
옮긴이 | 데이먼 리
펴낸이 | 이동수

1판 1쇄 펴낸날 | 2021년 3월 15일
1판 3쇄 펴낸날 | 2021년 4월 13일

책임 편집 | 원미연
디자인 | All contents group
펴낸 곳 | 생각의날개

주소 | 서울시 강북구 번동 한천로 109길 83, 102동 1102호
전화 | 070-8624-4760
팩스 | 02-987-4760

출판 등록 | 2009년 4월 3일 제25100-2009-13호
ISBN 979-11-85428-63-5 03180